P. Baena Palma

El Cartel de Cine en España

The Film Poster in Spain

Con la colaboración de
Julián Iglesias y Benito Medela

*A Carmina, mi mujer
y a mis hijas Sandra y Silvia,
por haberme acompañado
en esta aventura con una sonrisa
en Cinemascope.*

1. Anuncio aparecido en el Catálogo **Paramount**, temporada
1932-1933. Su objetivo era el de concienciar a los propietarios de
las salas sobre la importancia de los materiales publicitarios en los
éxitos de taquilla.

1ª edición: Septiembre de 1996

© Francisco Baena Palma

Editado por: F.B.P.

Producción técnica:
Diseño cubierta: **Amadeo Bergés**
Fotomecánica: **Index**
Papel: **Creaprint 150 gr. de TORRASPAPEL**
Impresión y encuadernación: **SYL, Creaciones Gráficas y Publicitarias.**

Traducción al inglés: Ana Riera

Printed in Spain
ISBN: 84-921915-0-3
Depósito legal: B-31977 - SYL

Distribuye:
USA y Canada
Hollywood Canteen (Mike Orlando)
1516 Danforth Avenue. Toronto, Ontario
M4J 1N4 CANADA. Tlf. 416 461-1704

España y resto del mundo
Groucho y Yo
Aragón 359. 08009 Barcelona
ESPAÑA. Tlf-Fax:(93) 4583591

Agradecimientos

A Julián Iglesias y Benito Medela
por sus valiosísimas aportaciones gráficas.

A Ricardo Borja y María Giralt por su ayuda
y apoyo constante en la gestación del libro.

También a Jose María Alvarez, Amadeo Bergés,
David Bremon, Roberto de Miguel, Antonio Estudillo,
Cesar Fernendez Ardavín, Lluís Formoso,
Nacho Joven, Nieves López Menchero, Lluís Molinas,
Miguel Morales, Jose Manuel Murcia,
Mercedes Orrico, Miquel Porter, Lluís Puig, Ana Riera,
Angels Sanz, Ramón Seriñá, Joana Soler,
Miguel Soria, Jose Vicente Soriano, Josep Torné,
Jesús Torriente, Fernando Valls, Jose Luís Varela
y Rosa Vargas.

Y a las siguientes instituciones:
Filmoteca de la Generalitat Valenciana,
Filmoteca Española, Biblioteca Dalmiro de Caralt.

2. Cartel autopublicitario, de la distribuidora **Exclusivas Perelló**, en el que figuran las estrellas más representativas del cine americano del momento. Anterior a 1920. Tamaño, 54 x 38 cm.

Contenido

Introducción

En el enclave bautismal del cinematógrafo, el cartel cromolitográfico —de reciente implantación en nuestro país— se hallaba en pleno auge popular, acreditando y expansionando el poderío artístico y propagador que desde algunas décadas atrás ya poseía. Los atributos expresivos aportados al sector cartelístico por este nuevo proceso de impresión se sumaron brillantemente al cortejo cinematográfico desde que éste proyectó sobre una pantalla sus primeras imágenes. Un *gráfico pregón* —como le llamó algún periodista de la época— que contribuyó con sus nuevas y coloristas vías de realización a hacer las delicias de ilustradores y destinatarios del cartel —la llegada posterior del offset al proceso de impresión del cartel, y poco después la cruda y ordinaria técnica fotográfica, aguó una fiesta que duró más de medio siglo.

Observando determinados carteles de cine uno tiene la sensación de que el ilustrador del mismo parece haberse sentido obligado a pagar con la misma moneda artística con la que los actores, el director y el resto del equipo de producción habían pagado en la ejecución de la cinta: como si él mismo fuese el más encendido de los mitómanos.
El tratamiento gráfico-estético de muchos de estos trabajos logró cimas expresivas y cromáticas de altísimo nivel. En la mayoría de las ocasiones lograban llevar la imaginación del espectador potencial mucho más allá de la propia realidad de las imágenes de la película, como más tarde podía constatar. Ni siquiera el hecho frecuente de condicionar el diseño del cartel a las estrictas reglas y corsés iconográficos que imponían las productoras limitó la capacidad y frescura creativa de muchos artistas. Fueron, y son hoy, trabajos impregnados de latente eternidad, frente al nebuloso recuerdo de la propia cinta.

Desgraciadamente, la fragilidad de estos ensoñadores papeles, casi tanta como la de la cinta de celuloide de los propios films, unida a la falta de previsión y protección que han venido evidenciando los distintos estamentos oficiales y cinematográficos, han convertido a la mayor parte de los carteles de la primera mitad de siglo en verdaderas rarezas que, en el mejor de los casos, son difíciles de poseer o admirar.

Cuando en años precedentes entreveía la posibilidad de trabajar en un libro sobre los carteles de cine editados en España, me asaltaban constantes dudas sobre cuál de sus múltiples planteamientos sería el más apropiado. No sólo desde la vertiente comercial; mi mayor preocupación consistía en encontrar una fórmula que, sin dejar de serlo, me permitiera adentrarme en las constantes más esenciales del cartelismo cinematográfico español.

En las distintas ocasiones que he visitado librerías de otros países, me he topado a menudo con hermosos libros que tenían como protagonista el cartel cinematográfico. Por norma general, cada nuevo libro que hallaba solía diferenciar su contenido del anterior. Algo aparentemente lógico si tenemos en cuenta la gran cantidad de países con tradición cartelístico-cinematográfica que pueden editar recopilaciones de esta clase. Pero lo que solía asombrarme era que la mayoría de estos nuevos volúmenes acostumbraban a reincidir en la producción cartelística de un determinado país, pero desde planteamientos de contenido diferentes. Dos buenos ejemplos de lo que decimos podemos hallarlos en los carteles de Francia y Estados Unidos. En ambas naciones, por otra parte abanderadas por igual en la invención y proyección inicial del cine, son muchas las ediciones que, tomando el cartel como protagonista, han sido abordadas por autores o editores desde divergentes conceptos argumentales. El cartel de cine de esos países, así como el de algún otro, lleva ya muchos años siendo objeto de estudio y análisis. Hasta tal punto que son pocas las parcelas y concepciones contenidas en el cartel que no hayan sido motivo de algún trabajo editorial. Así, podemos encontrar libros dedicados al cine de terror, al humorístico, al western, al musical, a los dibujos animados..., sin olvidar aquellos que han basado su contenido en recopilaciones, bien sean de actor-actriz o de ilustrador famoso. También, últimamente, hemos visto algún que otro ejemplo recopilatorio de los carteles que editaron señalados estudios de producción como Metro Goldwyn Mayer, Pathé etc.

Este libro podría haber seguido alguno de estos monográficos derroteros. Cualquier género de la pantalla hubiera podido darle cobertura. Pero la sombría realidad del cartel producido en nuestro país pronto me sacó de toda duda: si recopilar el material que ilustra el libro que tiene en sus manos ha supuesto cuatro años de apurada búsqueda, no quiero pensar lo que hubiese significado la dificultad añadida de darle un carácter temático. Del todo imposible. España nunca ha destacado por ser un país excesivamente celoso de su legado cultural y en este caso no iba a ser de distinta manera. Además, hay que tener en cuenta la masiva destrucción de material cinematográfico que se produjo, fruto de las alternancias de poder que se dieron en España —monarquía, república y dictadura—, especialmente con la llegada de ésta última. Tan solo el cartel de cine correspondiente a la producción nacional de posguerra tiene alguna posibilidad de engordar un libro con cierta dignidad representativa —son varios los coleccionistas privados que llevan años dedicados a este menester. Finalmente, decidí plantearlo más genéricamente, dando cabida a películas de cualquier nacionalidad, siempre que el cartel estuviera producido en nuestro país. De esta manera, el libro enriquecía su muestrario cinematográfico, tanto en títulos como en estrellas, y también sería mayor la representación de los cartelistas que hicieron posible este legado.

Los carteles que figuran en el libro están ordenados de forma cronológica, priorizando el año de producción de la película sobre el de la creación del cartel, aunque en la mayor parte de los casos sea el mismo.
Nuestro propósito hubiese sido anteponer, a cualquier otro ordenamiento, la fecha de producción del cartel. Pero ello no ha sido posible por varias razones:
1.	No todas las películas se estrenaban en España al tiempo que lo hacían en su país de origen. En algunos casos, la propia censura hizo que determinados títulos no vieran la luz hasta varios años después de su estreno mundial.

2. La ausencia de fecha en el pie de imprenta de los carteles —empezó a figurar hacia finales de los años cincuenta— no permite determinar con exactitud el año de su impresión.

3. Infinidad de películas —las de mayor éxito— fueron periódicamente reestrenadas, dando lugar, la mayoría de las veces, a un nuevo cartel: unas porque habían sido producidas durante el período mudo y la llegada del sonido provocó su readaptación y vuelta a las salas; otras, como en el caso de las de Chaplin y de otros genios del cine cómico, caballistas, etc, por su eterna vigencia, que las llevó a estar de forma intermitente una treintena de años en el circuito comercial. En este último caso, el nombre del taller gráfico, impreso al borde del cartel, nos ha servido para determinar aproximadamente el año de su realización. Pero no siempre ha sido posible. En cualquier caso, un 95% de los carteles que figuran en el libro corresponden al cartel original del estreno.

Precedentes Internacionales del Cartel

El advenimiento del cinematógrafo se produjo en las mismas fechas en las que el cartel publicitario iniciaba su etapa de máximo esplendor. En 1895, cuando las primeras luces de los proyectores vomitaban las iniciáticas imágenes en movimiento sobre una pantalla, el cartel publicitario acababa de estrenar una nueva técnica que facilitaría su rápida expansión. La llegada de la cromolitografía al proceso litográfico y la reciente incorporación de la pasta de madera a la fabricación del papel, hecho que posibilitaría la producción de hojas de gran tamaño y a bajo precio, propició que los principales fabricantes y empresarios de medio mundo, que en ese momento encabezaban la revolución industrial, proyectaran sus ideas comerciales y propagandísticas en el nuevo y callejero medio.

El cartel se había ganado el respeto de unos y otros. Sus emisores comprobaban con satisfacción como los productos o acontecimientos que anunciaba lograban una alta eficacia comunicacional. Y no sólo en ventas, sino también en imagen, algo poco habitual en esos tiempos. El secreto estaba en la concepción del territorio en el que se había situado el cartel, a años luz en fuerza y expresión de los primitivos pasquines tipográficos —hay quien afirma que el cartel ilustrado nace como consecuencia del alto índice de personas que en esos tiempos no sabían leer. En España, a principio de siglo, el analfabetismo alcanzaba al 50% de la población. La ilustración transformó el cartel en un grito callejero, en una llamada poderosa de la que

era difícil escapar. La imagen hablaba con mucha mayor claridad y didactismo que los barrocos textos que abarrotaban los carteles precedentes.

Una de las claves del éxito del cartel litográfico radicó en su frescura expresiva. La mayor parte de los carteles, lejos de planteamientos encorsetados y predefinidos, eran abordados e interpretados bajo un patrón de trabajo de total libertad conceptual y plástica. En todo el proceso de gestación, la única decisión de la que al parecer podía hacer gala el cliente era la de elegir al autor del cartel; el resto quedaba expuesto a la libre interpretación y estilo del autor. Éstos, conscientes de que su arte estaba siendo valorado por el público, se marcaban constantemente mayores objetivos creadores. El cartel de ese tiempo hizo más por la divulgación popular del arte que ningún otro medio o estamento a lo largo de la historia. Había lugares y calles de algunas ciudades que lucieron más arte en sus paredes que el que se podía apreciar en muchos de los museos.

Uno de los hombres que más actividad desplegó en la realización y producción de carteles, y que mayor protagonismo tuvo en los nuevos logros técnicos de esta industria, fue el aclamado cartelista y litógrafo francés Jules Cheret. Precisamente este ilustrador sería el responsable de anunciar, mediante dos famosos carteles, las funciones que el Emile Reynaud Théâtre de París programó y denominó *Proyections Artistiques y Pantomimes Lumineuses*. Corría el año 1890 cuando este tipo de proyecciones —ubicadas hoy dentro de lo que denominamos pre-cine— presagiaban el alumbramiento definitivo de lo que cinco años más tarde sería bautizado como «El Cinematógrafo».

Por esas fechas, otros dos grandes genios de la pintura y la ilustración, el francés Toulouse Lautrec y el moravo Alphonse Mucha, proyectaban sobre el cartel gran parte de su torrente creativo. No sería descabellado referirnos a ellos —junto con Cheret— como los verdaderos precursores del cartel de cine, aunque ninguno de los tres realizara pieza alguna para el nuevo invento. El reconocimiento les viene dado porque tanto uno como otro tuvieron una estrecha relación productiva con el mundo del teatro y las variedades. Son famosos los carteles que ambos artistas crearon durante la media docena de años que precedieron al estreno del cinematógrafo. Entre los más famosos que realizara el artista de Albi, figuran los que dedicó a su gran amigo Aristide Bruant con motivo de las actuaciones que el cantante realizara en los salones Ambassadeurs y Eldorado de París en 1892 y 1893, respectivamente. Otros artistas, cuyas actuaciones también se vieron reflejadas en los carteles de Lautrec, fueron la bailarina Jane Avril, el cuarteto de bailarinas denominadas Troupe de Mademoiselle Eglantine, la danzarina norteamericana Louise Fuller, la actriz y cantante Yvette Guilbert o la bailarina La Goulue —con motivo de su actuación en el célebre Moulin Rouge—, entre otros. Por lo que respecta a Mucha —un excelente pintor que sólo alcanzó reconocimiento popular cuando se adentró en el universo del cartel—, el teatro y su intérprete más emblemática, Sarach Bernhardt, serían los protagonistas de sus trabajos en la parcela del cartel espectáculo. Sara Bernhardt, admirada musa y amiga del artista, fue inmortalizada por el pintor en aproximadamente una decena de carteles que propagaron las obras que en esos años representaba en los más selectos escenarios de París: *Gismonda, La Dame aux Camelias, Medee, Lorenzaccio, La Tosca,* etc.

Precisamente sería en el arte escénico donde el cine fijaría sus ojos para extrapolar hacia él lo mejor de las artes propagandísticas que éste había experimentado desde mucho tiempo atrás. El cartel y el programa de mano fueron dos de las herramientas que el cine reactualizó en beneficio propio, aunque no pudo hacerlo de forma inmediata, ya que debía superar antes algunos importantes frenos. En origen, el cine fue tachado por muchos de invento de sospechosa nobleza y, por consiguiente, las gentes que lo integraban debieron soportar con estoicismo el escaso reconocimiento artístico de una parte de la población; el hecho de ser un espectáculo que se movía entre barracones de feria y al que asistían grandes masas de público de ambigua clase social motivó durante años el rechazo de las clases más eruditas y pudientes. Durante mucho tiempo, el cinematógrafo fue visto como un sucedáneo de las artes interpretativas, y no sería hasta la llegada del largometraje —una quincena de años después del alumbramiento— cuando el cine logró salir del *ghetto* al que inicialmente fue condenado.

La llegada del largometraje hacia finales de la primera década del siglo —hasta entonces nadie se atrevía a producirlo, entre otras razones porque sospechaban que el espectador no soportaría dos horas sentado en un incómodo banco de madera—, junto con la vorágine publicitaria que acompañó a los productores durante la expansión de los grandes estudios, así como la habilidad y olfato de algunos directivos de Hollywood para encumbrar y mitificar a las estrellas mediante el *star system*, consagrarían definitivamente al cartel como el primer y el más importante de los elementos propagadores de cualquier producción cinematográfica. Hasta ese momento, el cine se había limitado a proyectar sobre la pantalla historias cortas de escasa envergadura literaria, a mostrar instantáneas de la vida cotidiana y a enseñorear vistas y paisajes de carácter turístico y aventurero.

Como hemos comentado antes, en el mismo momento en que los hermanos Lumière anuncian su primera proyección, el cartel, como medio de expresión artístico-publicitario, se encuentra en una de sus mejores etapas de brillantez comunicativa y aceptación popular. Así pues, no es de extrañar que el propio invento del cine fuese dado a conocer al gran público mediante este medio, con creaciones que exaltaban y propagaban sus excelencias. Durante los primeros meses de vida del cine, las distintas casas productoras y patentes que luchaban enconadamente por la supremacía comercial del invento, recurrieron con prestancia al cartel. Entre todas ellas confeccionaron un ramillete de creaciones, de carácter autopublicitario, que hoy lucen en las paredes de algunos de los más importantes museos cinematográficos que existen en el mundo. Entre ellos hay que destacar los que pontificaban a los hermanos Lumière y a Thomas Edison con sus respectivos inventos. Esta concepción de carteles, cuyas características no se asemejan en nada a las de los que la industria alumbraría años después, aparte de resaltar gráficamente las características propias del invento, poseían signos de evidente intención educativa y clasista. Las alusiones pictóricas a elegantes espectadores y a la familia —en actitud de asombro y aceptación—, como referente del tipo de público que disfrutaba con este tipo de proyecciones, fueron constantes. Este modelo de inaugurales carteles se mantuvo en activo durante largo tiempo, cumpliendo de manera atemporal sus dos objetivos básicos: propagar el nuevo invento y ennoblecerlo. En ellos no había sitio para el título del film, como si lo único que importase a sus inventores —de hecho,

así era— fuese el invento en sí y no lo que con él se pudiera contar. Los carteles eran colgados en las fachadas de los cines, añadiéndoseles, en un papel aparte, el texto con el programa del día, de manera que para anunciar sucesivas proyecciones sólo era necesario cambiar o superponer el añadido tipográfico, que normalmente era rotulado de forma manual.

El primer cartel que hizo historia, al contener una imagen de la película de ficción inaugural que produjo el cine, fue editado por los hermanos Lumière para dar soporte a su película El Regador Regado —L`Arroseur Arrosé— (1896). Este paradigmático cartel no significó mayor evolución en su concepción que la de recoger en su composición —que seguía en línea con los parámetros iniciales— una escena de dicha película. Pero sin otra mención al título o crédito que no fuera el de los ensalzados hermanos. Aún así, probablemente se trate del cartel más premonitorio de lo que este medio callejero llegaría a significar en la comercialización y divulgación popular de cuantas producciones han emanado de la industria cinematográfica.

Pero si el invento nada más hacer su aparición en el mercado recurrió con prestancia al cartel, influido sin duda por la actualidad de la que éste gozaba, no sucedería lo mismo con la mayoría de las películas que proyectó durante sus primeros años de vida. El hecho de que éstas no alcanzaran grandes metrajes imposibilitó su proyección de forma individual y obligó a exhibirlas en grupo, a ritmo de popurrí. Lo normal era que cualquier programa estuviera constituido por varios títulos que dieran consistencia horaria a la función. También era habitual verlas programadas en salones y teatros donde primaba el espectáculo de variedades, alternando su proyección con todo tipo de actuaciones en directo. Estas limitaciones-obligaciones en las que se desenvolvían las cintas durante el periplo comercial de esos primeros años limitó sin duda una mayor y pronta expansión de este medio impreso. Hubo excepciones, pero no era fácil ni rentable producir carteles centrados en un solo título de entre la media docena que acostumbraban a contener cualquier programa del cinematógrafo; lo habitual era ver sobre las fachadas de los cines unos endémicos pasquines, impresos a una tinta, compuestos exclusivamente por caracteres tipográficos que enumeraban ordenadamente el contenido de la función.

En realidad, el cine de los primeros años no fue más que una de las muchas atracciones que se daban cita en las ferias de las principales ciudades del mundo. Ni siquiera sus propios impulsores originarios, como ellos mismos reconocieron, vieron en el cine algo más que un invento pasajero. Esta podría ser una de las razones de la escasa presencia de ilustradores de renombre, entre la multitud de los que basaron su trabajo en el cartel durante los primeros doce años del cinematógrafo; aunque es probable que la principal razón de esta ausencia de firmas insignes viniera motivada por la endeblez de las propias estructuras económico-comerciales de un medio de reciente implantación e incierto futuro, algo que queda demostrado en el desinterés que el cine cosechó entre las revistas de arte y actualidad de la época. Es difícil encontrar información escrita, esperanzadora o no, sobre el cinematógrafo hasta bien entrado el nuevo siglo; al menos en nuestro país.

En cualquier caso, y aunque en su mayoría estos primeros cartelistas no estaban entre los de mayor élite —si exceptuamos algunas firmas como las de **Barrere** y **De Losques,** que ya se habían significado en el cartel teatral francés y cuyos servicios fueron requeridos desde el momento en que las casas **Pathé** y **Gaumont** inician sus tareas de producción; o la de **Faria,** que extrapola

inmediatamente su experiencia en carteles de circo y *music-hall* al cine—, buena parte del trabajo que realizaron alcanzó un más que notable nivel estético y expresivo, destacando las creaciones que dieron soporte a las producciones, firmadas por los grandes precursores de la dirección, que presagiaban alguna evolución técnico-narrativa. Entre estos carteles hay que destacar los que dieron cobijo a las primeras películas de ingeniería fantástica de Georges Mèliés o a la técnico-premonitoria *Asalto y robo de un tren* (1903), de Edwin S.Poter.

La mayor parte de los carteles de ese tiempo desarrollaron una forma compositiva de estructura simple y desabrida —sinérgicos con la escasa calidad de las producciones que amparaban—, tanto en tamaño como en realización gráfica, ya que partían de una fotografía de un momento del rodaje. Una traslación al papel del testimonio fotográfico del film, sin mayores enriquecimientos que no fuesen los propios caracteres del título y la casa productora —por aquel entonces, ni siquiera los actores aparecían en los créditos. Incluso muchos de ellos recurrían con frecuencia a expresar tipográficamente la sinopsis de la cinta. Por contra, suponían para el empresario una mayor facilidad de producción y un ahorro importante en el coste.

Será cuando el cine comience a creer en sus propias posibilidades e inicie su expansión definitiva, cuando el cartel alcance su primera madurez. Con la llegada del largometraje —hacia 1910—, o lo que es lo mismo, con la inmersión del cine en los guiones literarios de los grandes autores, el cartel recobra vida y comienza a lucir sus mejores galas. Es su puesta de largo definitiva: gran formato, papel de excelente textura y calidad y una impresión que no regatea riqueza cromática. Es la confirmación de que la industria del cine apuesta por este medio como el principal velador en los éxitos de taquilla de las películas que acoge.

La corriente artística *Art Nouveau*, que por esos años inicia su declive y que tanta influencia había ejercido en medio mundo durante la primera década del siglo, aún llegará a tiempo de verse reflejada en algunos carteles de las cinematografías de países como Francia, Gran Bretaña, USA e Italia.

La primera productora que logró alcanzar un elevado nivel de resonancia internacional en sus realizaciones cartelísticas fue la danesa Nordisk. Sus carteles, «*verdaderas joyas de arte impreso*» —según testigos de la época—, revalorizaron en todo el mundo la imagen comercial del cartel. Eran carteles de innovadora factura, sobrados de riqueza colorista y fuerza expresiva que pronto crearían escuela; italianos y americanos serán los primeros en adaptar su excelente técnica cromática y compositiva. Detrás de los más sobresalientes estaba la firma de Roserg Mars, un ilustrador danés de alta cotización y cuya remuneración —según consta en la publicación «Cine Revista» (Nº44, 1922)— alcanzaba las mil pesetas por cartel. (Para valorar en su justa medida la cuantía de esta cifra, basta decir que se corresponde con la que percibían nuestros artistas en 1960.)

Más tarde, el cine en su evolución produciría otras buenas nuevas que facilitarían más aún el desarrollo de la industria cartelística. Las dos más importantes fueron la implantación del *star system* y el nacimiento de los grandes estudios de producción. Con la primera, el cartel volvió su vista hacia las grandes estrellas convirtiéndolas en su centro de gravedad; eran composiciones donde el ilustrador debía poner todo su arte, e incluso el alma, en encumbrar al protagonista principal. Creaciones cuya estética, en ocasiones, recordaba las estampas religiosas de santos o vírgenes que durante tantos años cultivó la Iglesia. Incluso

muchas estrellas aparecían silueteadas por un halo resplandeciente que rayaba la sublimación.

La competencia entre los grandes estudios hizo que el cartel se convirtiera en la principal arma de promoción cinematográfica. Ya no era suficiente con editar el cartel, sino que éste debía ser siempre una creación inmejorable. En la década de los veinte los principales estudios ya habían orquestado fórmulas que garantizaran la promoción de las películas que producían. Los más poderosos crearon sus propios departamentos de publicidad, entre los que sobresalían un nutrido grupo de ilustradores y grafistas dedicados a tareas cartelísticas. Su trabajo consistía en desarrollar —partiendo de las fotografías más relevantes de la película— el cartel que mejor expresara los objetivos propagandísticos marcados. Normalmente eran varios los ilustradores que recibían el encargo de trabajar en un determinado cartel y también, por regla general, era el director de la cinta el encargado de concretar las creaciones que pasarían al taller litográfico y que posteriormente engalanarían las fachadas de los coliseos; casi siempre más de un modelo, según la importancia de la producción. Este tipo de cartel, con exclusión de los producidos en Alemania, Rusia, países nórdicos y algunos del Este— que, como ya hemos comentado, se movían en unas constantes de menor rigidez—, carecerá, salvo excepciones, de simbolismo y frescura creativa. Su estilo, descaradamente mimético, estará al servicio de conceptos ilustrativos de carácter simplista: ingenuidad de trazo, profundidad de campo y un relamido hiperrealismo en la definición de sus elementos compositivos. En definitiva, no era más que la traslación de una escena fotográfica de la cinta al papel, con el pincel y el color como vehículos transportadores. Con todo ello, hoy constituyen magníficos ejemplos de cromatismo y expresividad costumbrista.

Con la llegada del sonido, el cartel inicia una nueva etapa marcada por una mayor estandarización técnica —tamaño, cuatricomía, etc.— y conceptual —salvo excepciones. Su puesta en escena deberá interpretar y conjugar los dos ingredientes más comerciales de cualquier film: actores y argumento-género, por este orden. Si hasta la fecha el cartel de cine había tenido que someterse con frecuencia a las exigencias comerciales de sus impulsores, en adelante, cada uno de ellos será analizado con lupa por los responsables de los departamentos de publicidad, especialmente los destinados a arropar las producciones de los grandes estudios. Éste fue el motivo principal de la exigua presencia de los grandes nombres de la ilustración publicitaria en el cartel de cine de esos años.

Y también el motivo por el cual, el cartel publicitario o comercial, siempre ha sido visto bajo mayores y más nobles credenciales talentosas. La ausencia de corsés, o lo que es lo mismo, la libertad de expresión artística de la que gozó durante las primeras décadas del siglo, el haber tentado o atraído hacia sí a infinidad de grandes firmas de la pintura y de la ilustración mundial, lo han situado, artística e históricamente, en un escalafón de mayor rango que el que alimentó a la industria del cine. Prueba de ello es que, ya desde principios de siglo, fue objeto de coleccionismo y exposición; reconocimiento que se ha acrecentado con el paso del tiempo, como evidencia el hecho de estar expuesto hoy en día en infinidad de museos de todo el mundo. Aún así, desde que el cartelista inaugural de la historia del cine —el francés **Adrien Barrère**— diseñase su primer cartel, han sido numerosos los movimientos y nombres propios de gran trascendencia histórico-cultural que han participado en su evolución conceptual y expresiva. Entre los primeros destacan dos de las escuelas más significativas del primer cuarto de siglo, como fueron el Expresionismo alemán y la Vanguardia rusa, con el

movimiento *constructivista* a la cabeza de esta última. Y entre los autores, destacaron los nombres de **J.Fenneker, S.Arpke, A.Grau, D.Rüdeman, S.Neuman, A.Rodchenko** o el de los hermanos **Georgii** y **Vladimir Stemberg**, entre otros. Se da la circunstancia de que **Albin Grau**, autor de los carteles originarios de la película de Murnau, *Nosferatu* (1921), fue asimismo el encargado del vestuario y los decorados; algo así como el *Art Director* del film.

También hay que destacar creadores como el mencionado **Roserg Mars** y **Sven Brasch**, en Dinamarca; **Einar Nerman, Eric Rohman** o **Curt Peters**, en Suecia; **Leopoldo Metlicoviz** y **Marcello Dudovich**, en Italia; **Jeno Diosi** y **Miháli Biró**, en Austria; **Barton Rice**, en USA y un largo etcétera. Y entre los innumerables

3. Cartel sueco de la película BROADWAY (*Broadway*, USA 1929), ilustrado por **Eric Rhoman**. Tamaño, 70 x 100 cm.

nombres de famosos que en algún momento de su carrera participaron en el campo del cartel destacan los americanos **Norman Rockwell**, **Alex Raymond** y **Alberto Vargas**, este último de origen peruano y célebre por sus chicas de calendario; el italiano **Renato Zavagli «Gruau»** —mundialmente conocido por sus trabajos para Christian Dior; el cineasta francés **Jean Cocteau** o nuestro paisano **Rafael de Penagos**.

Afortunadamente, hoy día asistimos no sólo a su redescubrimiento histórico sino al reconocimiento de su valía propagadora, así como al de su altísimo nivel técnico, expresivo y artístico. Si el cartel de cine contribuyó a propagar la galería de mitos que creara el *star system*, a través de ellos mismos o de sus personajes de ficción, en la actualidad está recogiendo los plácemes por el deslumbrante cometido que desempeñó. Se puede afirmar que ha conseguido canibalizar para sí mismo mayores cultos que los que se dan en los mitos que ayudara a crear. Un dato que habla por sí solo respecto a la revitalización conseguida en los últimos años es la creciente cota de venta que han alcanzado determinados carteles en las subastas internacionales. Ni siquiera los del mismísimo Tolouse Lautrec han podido superar el valor de los carteles originarios de películas como *Metrópolis*, *Drácula*, *Frankestein* o *King Kong*.

4. LA VIDA DE C. COLON Y EL DESCUBRIMIENTO DE AMERICA (Esp.1916).
Cartel de seis hojas, producido en España para el mercado francés.
Falta una hoja. Creación de **Julio García Gutiérrez.**
Tamaño, 255 x 240 cm.

La Oscuridad de los Inicios

Es extremadamente complejo desenmarañar el sendero por el que discurrió el cartel de cine en nuestro país durante la treintena de años anteriores a la llegada del sonoro. No son muchos los documentos gráficos con los que cuentan las Filmotecas, Hemerotecas y otros estamentos oficiales de nuestro país, y menos aún los escritos dedicados a ello. Hasta la fecha sólo se han publicado algunos limitadísimos ensayos, pero siempre desde la vertiente de la función expresiva y social del cartel. Nadie lo ha hecho ni desde su perspectiva histórica ni tampoco desde el reconocimiento de las firmas que trabajaron en él. Es probable que esto sea debido a la dificultad —o más bien imposibilidad— que entraña este cometido, dada la escasez de documentos gráficos y de fuentes instrumentales.

De entre la espesa obscuridad que envuelve ese período cartelístico, lo que podemos afirmar con toda seguridad es que el enlace entre la industria del cartel nacional y el cine no se establece de forma aparentemente ordenada hasta el inicio de los años veinte. El resto de cuanto podamos exponer sobre lo acontecido en años anteriores debe ser considerado con las lógicas reservas de todo aquello que es investigado bajo mínimas y elementales fuentes de información. Así pues, lo que exponemos en estas escasas líneas es fruto del análisis y conclusiones personales —no exentas de esfuerzo investigador—, sin que exista en ellas el más ínfimo propósito dogmatizador.

Las causas de la penumbra histórica en la que se ve envuelto el cartel cinematográfico español de esos primeros años son varias y difíciles de analizar con exactitud. Probablemente, si durante el despegue del invento España hubiera alumbrado una industria de mayor nivel y coherencia comercial, dispondríamos actualmente de un bagaje histórico de mayor riqueza en efemérides y en derivados cinematográficos. Pero la realidad de nuestra industria, e incluso de su comercio, se mantuvo en una bajísima cota hasta bien entrados los años treinta.

No obstante, la llegada del Cinematógrafo a nuestro país tuvo una inmediata y excelente acogida popular. En poco tiempo, el cine pasó de alternar con el resto de las muchas atracciones de feria que engalanaban las explanadas de ciudades y pueblos, a entrar por la puerta grande de los más insignes salones y teatros de nuestra geografía.
Pronto se produjeron infinidad de iniciativas privadas en el campo de la producción. Nombres como Fructuoso Gelabert, Segundo de Chomón, Albert Marro o el de los hermanos Baños, entre otros, aportaron dinamismo y esperanza al sector, logrando brillar a gran altura incluso fuera de nuestro país. Pero estas iniciativas privadas, aisladas e insuficientes, no consiguieron desembocar en la consolidación de una estructura comercial unificadora y sólida de ámbito nacional. La falta de estructuras técnicas, la incoherencia productiva —sin orden ni concierto—, la arbitrariedad e irracionalidad del poder estatal, entre otros, dieron como resultado una industria desamparada, incapaz de planificar

un armazón industrial y comercial coherente y de progreso. Un ejemplo que probablemente refleje como pocos el caos estructural de nuestro cine en esos años es el hecho de que algunos propietarios de locales de proyección llegaron a producir sus propias películas para asegurarse una programación continuada.

Hasta la llegada de las primeras alquiladoras —hoy distribuidoras—, las películas que producía el cine nacional apenas alcanzaban la distribución local, siendo los propios productores los que comercializaban sus productos: era sin duda el primer obstáculo para abordar producciones cuya distribución traspasara a otros ámbitos geográficos. Entre las primeras en llegar (1900-1907) hay que citar los nombres de **Pathé, Gurgui, Diorama, Gaumont, Piñot**, etc. En un principio muchas de estas distribuidoras pioneras —como sucedió en el caso de las mencionadas firmas francesas **Pathé** y **Gaumont**— actuaron más como colonizadoras, distribuyendo su propia producción, que como colaboradoras en la expansión de la nuestra: algo que también sucedió con las compañías alquiladoras nacidas en nuestro territorio, como es lógico suponer. El primer objetivo de todas ellas era hacer del trabajo de la compra, venta y alquiler de películas un negocio rentable. Logro que sólo sería posible ofreciendo al público los productos que éste demandara. Hasta tal punto fue así, que existieron abundantes casos de películas de producción nacional que no llegaron a estrenarse.

Esta situación en el orden de la distribución y de la programación, unida al carácter babeliano de la propia industria nacional, influiría negativamente en el desarrollo de una actividad cartelística nacional de mayor solidez y dinamismo; todo lo contrario de lo que estaba sucediendo en gran parte de los países europeos y en EE.UU. Y eso que en España, el otro cartel, el publicitario, estaba viviendo una etapa de máximo esplendor gracias a los trabajos de artistas como A.Riquer, R.Casas,

G.Camps, F.Cidon, C.Vázquez, A.Utrillo y un largo etcétera.

El principal condicionante para el logro de una mayor representación del cartel de cine nacional residió, sin duda, en la penuria técnico-económica que caracterizaba nuestra producción. Eran pocas las películas nacionales que reunían los avales necesarios para competir en igualdad de condiciones en el mercado de la exhibición: argumento, producción, dirección, garantía de distribución, resultados económicos, etc. Y por tanto, fueron igualmente escasas las producciones que gozaron de virtuosas realizaciones cartelísticas, o lo que es lo mismo, que no alcanzaron buenos niveles de grafismo, riqueza cromática ni tampoco grandes dimensiones. Entre los escasísimos testimonios conocidos hasta

5. Cartel de la película LOCURA DE AMOR (Esp.1909). Es el primer cartel cromolitográfico, de producción española, conocido hasta la fecha. La imagen que lo ilustra fue tomada de un famoso cuadro pintado por Fco. Pradilla en 1877.

6. SACRIFICIO (Esp.1914). Durante los primeros años, el cine español recurrió con frecuencia a este tipo de carteles. En su composición, solo tenían cabida las fotografías de la película, así como un amplísimo resumen del argumento de la misma. Tamaño, 66 x 100 cm.

fecha se encuentra el de la película dirigida por R.Baños y A.Marro, *Locura de Amor* (1909), realizado en los talleres barceloneses de la que por entonces se denominaba **Affiches Barral** —empresa que más tarde, en 1911, se fusionaría con su competidora **Seix** formando la notabilísima **Seix y Barral**, pionera de los primeros carteles de cine en nuestro país. Donde sí creemos que hubo algo más de actividad cartelística fue en el campo de la autopublicidad de algunas empresas del sector.

Al igual que sucediera en otros países vecinos, varias de las empresas que operaban en España en el triángulo producción-distribución-exhibición crearon sus correspondientes carteles con el ánimo de prestigiar y prestigiarse. Era normal ver reflejados en ellos a refinados grupos de público asistiendo a una proyección, o a bellas señoras engalanadas con atrezzo y filigrana del más puro estilo *modernista* de la época. Aunque tampoco en esta área son muchos los testimonios que hoy se conocen.

Lo que parece cierto es que hasta bien iniciada la década de los años diez, y salvo casos contados, no debió ser nada rentable la edición de buenos carteles en color por parte de las productoras o distribuidoras que operaban en nuestro territorio. Esta limitación no afectó sólo la producción nacional; tampoco el cartel que se derivó de las producciones foráneas tuvo el desarrollo autóctono que hoy hubiéramos deseado todos: historiadores, aficionados al cine y amantes del arte en general. Las causas, sin embargo, fueron distintas.

Por lo que hace referencia al cartel de producción nacional ello se debió —como ya hemos comentado— a la precariedad económica y estructural de nuestro cine. Es muy probable que la única productora que apostara de manera clara por él, en esos iniciáticos años de producción autóctona, fuese **Hispano Films.** Constituida en 1907 por Albert

7. Cartel del Cine parlante **Coyne** (Zaragoza).
8. Anuncio de la distribuidora **Central Cinematográfica.**
En ambas ilustraciones se puede observar la corriente *modernista* de los primeros años del siglo.

Marro y los hermanos Baños, fue una de las primeras en orientar su producción hacia los films de argumento. El dinamismo del dúo A.Marro-R.Baños convierte a **Hispano Films** en la empresa más sobresaliente del sector, hasta que en 1914 Ricard Baños abandona la sociedad. Durante los años en los que realizó su mayor actividad (1909-1914), es la única productora de la que hemos podido constatar la existencia de creaciones cartelísticas. Aparte del cartel mencionado anteriormente —*Locura de Amor* (1909)—, también figuran en estas páginas los correspondientes a *Don Pedro I* (1911) —*Don Pedro el cruel*, para los historiadores del cine español (?)— y *Sacrificio* (1914), cuya composición creativa tuvo un tono menor, ya que se trató de un rosario de fotos con actores y escenas del film que rodeaban un extenso bloque de texto argumental. (ver foto N° 6)

Del resto de productoras y producciones anteriores a 1915 no ha sido posible confirmar la producción de cartel alguno que no sean los mencionados de **Hispano Films**. Sin embargo, la revista «Arte y Cinematografía», en su N° 71 (15 de Enero de 1913), inserta un anuncio de **Litografía Ortega** en el que ésta se presenta como «*especialista en la confección de carteles*», aunque como pueden comprobar a través de la reproducción adjunta, ninguno de los dos carteles que acompañan al anuncio corresponde a producción autóctona.

El siguiente ejemplo de película nacional que se vio acompañada de carteles para su promoción fue *La Vida de Cristóbal Colón y el Descubrimiento de América* (1916). Hasta esa fecha, ninguna otra película de nuestro cine había contado con una aportación económica y técnica —equipo y director franceses— tan generosa.
Una superproducción con miras comerciales de ámbito internacional, que proyectaría un esperanzador rayo de luz en nuestra indus-

9. Anuncio de **Litografía Ortega**, de 1913, publicado en el N° 71 de la revista *Arte y Cinematografía*. Se trató de la primera empresa litográfica especializada en cartelería cinematográfica.

10. EL GOLFO (Esp.1917). La debilidad económica de nuestro inicial cine obligó a las distribuidoras a trabajar, generalmente, con materiales promocionales de escaso presupuesto como el que ilustra la foto. Tamaño, 132 x 54 cm.

tria. Premonitoriamente, es la única película de esa década de la que hemos podido comprobar que existieran varios modelos de cartel anunciador —todos de espectacular tamaño—, además de una amplia variedad de materiales promocionales: guías, postales, programas de mano, etc. En estas mismas páginas reproducimos el modelo del cartel de seis hojas —aunque falta una, que no ha sido posible localizar. Pero suponemos que lo habitual era ver carteles poco elaborados, como el que figura en la página anterior, correspondiente a la película El Golfo (1917).

La década finalizaría con la aparición de nombres como **Jacinto Benavente** —guionista, productor e incluso realizador—, **Vicente Blasco Ibáñez** —dirigiendo su obra Sangre y Arena (1916)— y el de **Margarita Xirgu** —en la pantalla—, dando a entender que el cine de nuestro país quería seguir estando vivo.

LOS CARTELES ADAPTADOS

Los carteles de las películas foráneas que entraron en el circuito comercial del cine español sí se prodigaron con prestancia y en todo su esplendor aunque, como decíamos, nada o poco tuviera que ver en ello nuestra industria cartelística.

En un principio eran, en su mayoría, carteles de tamaño reducido y con proliferación del texto sobre la ilustración. Pero a partir de 1910 —coincidiendo con la llegada del largometraje y los llamados «Films de asunto»—, sufrieron una transformación cualitativa de gran impacto: buen papel, excelente grafismo, utilización de múltiples tintas en la impresión, así como una gran disposición de tamaños que facilitaba su ubicación en cualquier tipo de espacio. Carteles de una, tres, seis y hasta 24 hojas, en algunos estrenos, engalanaban las fachadas de cines y teatros; más grandes que las vallas publicitarias que hoy habitan nuestras ciudades.

Su masiva utilización por parte del canal dis-

11. LA TORRE DE NESLE (La tour de Nesle, Fr.1912). Uno de los primeros ejemplos de producción cartelística autóctona para una película extranjera. Creación de **Ruano Llopis.** Tamaño, 78 x 112 cm

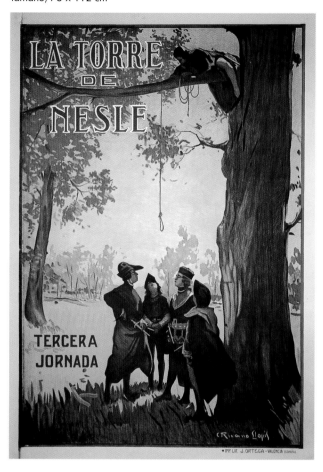

tribuidor no fue más que la consecuencia lógica del cúmulo de ventajas que ofrecían, frente a una única desventaja —el título de la película venía impreso en el idioma originario del film y no en castellano— que, como explicamos más adelante, no pareció crear demasiadas dificultades. Era la respuesta lógica de un mercado, el de la distribución, acostumbrado a utilizar en sus tareas mercantiles todo aquello que viniera de fuera si con ello evitaba dolores de cabeza y gastos aparentemente innecesarios. Era mucho más cómodo comprar, junto a las cintas, el material de propaganda originario —particularmente los carteles y las cartulinas de vestíbulo, que eran los artículos de mayor dificultad de producción—, que «españolizarlos», puesto que el negocio no daba para tantas alegrías. Era improbable que alguna distribuidora —aunque hubo excepciones— acometiera la tarea de crear o versionar al castellano carteles originales de películas extranjeras, cuando disponía con total comodidad de estos últimos que evitaban el costoso y lento proceso de producción, aparte de las dudas cualitativas que ofrecía la creación autóctona frente al cartel originario. Ni siquiera por cantidad quedaba justificada su realización; el exiguo circuito nacional de esos años era otro de sus inconvenientes. En cualquier caso, lo cierto es que esta acomodación mercantil condicionaría en grado sumo la riqueza del legado cartelístico de creación y producción española.

Mientras esto sucedía en nuestro país, las productoras internacionales, viendo la importancia y repercusión que tenía en sus ventas la creación de buenos materiales de propaganda, crearon sus propios departamentos de publicidad y con ellos una nueva fuente de ingresos. Estos departamentos —denominados hoy con el término Márketing— diseñaban minuciosamente la estrategia a seguir en la promoción de cada película. Estaban compuestos por un buen número de especialistas entre los que destacaban redactores publicitarios, diseñadores gráficos e ilustradores. Sobre ellos recaía la responsabilidad de crear los distintos materiales que dieran cobertura publicitaria a cada film. Sin lugar a dudas, el paradigma de cuantas proyectaban era el cartel, sobre el que volcaban esfuerzos y mimos sabedores de su repercusión en los resultados de taquilla.

Las productoras no incluyeron los materiales de propaganda en el precio de sus películas, decididas, claramente, a engordar sus arcas con lo que suponían iba a ser una importante fuente de ingresos. Los carteles eran servidos a la carta, en función de las necesidades que demandara el distribuidor —ya fuese éste propio o ajeno—, repercutiendo su coste en la factura. Ello no significó problema alguno para las distribuidoras, sino todo lo contrario. Pronto se dieron cuenta de la directa relación que se estaba originando entre una buena «reclame» —como se dio en llamar en esos años— y el éxito en la comercialización de las cintas. Como además el coste de los materiales no era asumido por ellas —lo cargaban a las propias salas exhibidoras— pues, aquí paz y después gloria.

También los cines lo entendieron rápidamente ya que cuando, por la razón que fuera, un estreno se veía privado de carteles, los resultados de taquilla nunca eran los deseados.

Respecto a la aparente dificultad que podía derivarse de la utilización de carteles no impresos en nuestro idioma, los métodos que utilizaron unos y otros fueron distintos y eficaces, no ofreciendo grandes obstáculos técnicos o económicos.

Veamos. Ya desde el inicio de siglo, las grandes productoras —especialmente las francesas, que fueron las primeras en llegar a nuestro mercado—, conscientes del problema, ensayaron una fórmula de simple implementación. Su único condicionante era de índole estética y comercial, ya que los carteles no permitían demasiadas libertades creativas en el tratamiento tipográfico y ubicativo del título de la película.

Los carteles eran diseñados de manera que el protagonismo de la ilustración se situara en el centro del cartel, restando peso gráfico a la parte inferior o superior del mismo. En estas zonas, el dibujo se hacía menos denotativo en favor de fondos o manchas uniformes carentes de realce gráfico. Posteriormente, sobre esta área, y durante el proceso de grabación de las planchas litográficas, el cartel sufría una pequeña mutación consistente en agujerear en blanco, en forma de franja, un espacio suficiente —que normalmente no se extendía sobre la anchura total del cartel— sobre el que más tarde se reimprimía el título del film en los diferentes idiomas en los que fuese a ser comercializado. En muchas ocasiones eran el propio distribuidor, o incluso la propia sala exhibidora, los encargados de llevar a término esta reimpresión o rotulación, que a veces era realizada de forma manual.

También hubo creaciones en las que el espacio destinado a la reimpresión del título era suavizado o liberado de mancha o tinta para facilitar su reimpresión posterior.

Pero la fórmula más extendida —y también la más chapucera— fue otra bien distinta, aunque en favor suyo hay que reconocer que eximía de mayores problemas a las empresas distribuidoras. Éstos fueron los pasos: los carteles eran creados con total libertad expre-

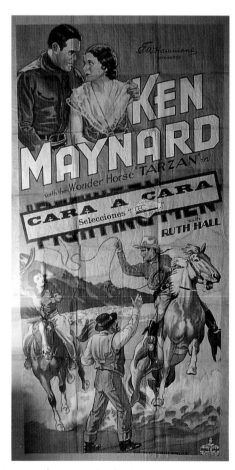

12. En los años 30 algunas distribuidoras menores seguían utilizando en nuestro país carteles extranjeros, sobre los que colocaban una franja con el título en castellano. En este caso, se trata de un cartel de 3 hojas (100 x 210 cm.), de la película CARA A CARA (Between fighting men, USA 1932)

siva, incluso en la situación y rotulación del título original; más tarde, cuando éstos llegaban a España, se encargaba a una imprenta española la impresión de una banda con el título de la película en castellano de tamaño similar al que ocupara el del cartel original. A continuación, las franjas eran encoladas y superpuestas sobre el título del cartel original. Aparentemente, este proceso fue bastante más sencillo que el de la primera fórmula comentada. Pero los efectos sobre la armonía gráfica y cromática del cartel fueron a veces demoledores. Aún así, y a la vista de lo que duró esta práctica cartelística— en los años treinta aún era utilizada por algunas distribuidoras menores—, el público no debió ver en ellos nada anormal y sí excelentes reclamos, muy superiores a la gran mayoría de los que engendraba el cine nacional.

Algunos distribuidores utilizaron otra variable para facilitar la interpretación del título original del cartel. Se trató de carteles exclusivamente tipográficos —impresos a una tinta y sobre escuálidos papeles de color—, con textos alusivos a los valores de la película en los que solía extremarse el tamaño del título en castellano. Su función era la de emparejarse al cartel foráneo, normalmente añadido al pie o a la cabecera; era algo así como un doble cartel, solo que el autóctono no poseía más valor que el de hacer de intérprete.

Los cinco años que precedieron a la década de los veinte fueron de gran competencia comercial. Por lo que hemos podido comprobar a través de las escasas publicaciones que generaba el sector, no eran pocas las empresas que basaban su oferta comercial, además de en la excelencia de sus producciones, en la calidad y variedad de sus carteles. Un dato esclarecedor que da idea de la magnitud del mercado cartelístico de esa época: la empresa londinense **J.B.Walker's World's** llegó a editar 26 carteles distintos para apoyar la venta y distribución de la película El Signo de la Cruz (1916).

De entre las más activas destacaron las italianas **Caesar, Artística Gloria, Etna, Corona, Savoia, Tiber, Milano**, etc; las francesas **Pathé, Freres**, y **L.Lordier**; las inglesas **London** y **J.B.Walker's**; las alemanas **Hornemann** y **Messter**; y las americanas **Keystone, Famous Player, American, Biograph** y **Triangle Plays**. Todas ellas —salvo excepción— estaban representadas en España a través de distribuidoras propias —las menos— o independientes.

Los cines podían acceder a los carteles mediante compra o alquiler. Esto último, en aquellos modelos en los que el cartel estaba compuesto de varias hojas y necesitaba de un soporte o marco protector adicional. En estos casos, cuando el cartel finalizaba su función en los cines de estreno, era sucesivamente alquilado a salas de menor categoría hasta que el inevitable y progresivo deterioro aconsejaba su retiro. Los carteles de una hoja —los de menor tamaño y mayor tirada— sí debían ser adquiridos en firme por las salas exhibidoras, aunque su precio era fácilmente asumible. En 1917, el precio medio de un cartel —de tamaño aproximado 1 x 1,40 m— oscilaba entre los 25 y los 40 céntimos.

Podríamos resumir diciendo que la ausencia hoy de una muestra mínima de carteles representativos de años anteriores a 1920 en Filmotecas, Museos o colecciones privadas está justificada, en gran parte, por las adversas circunstancias que se dieron en todo el entramado comercial del sector cinematográfico: escasez y penuria de nuestra producción, dominio del cine internacional y acomodo en la utilización de carteles foráneos por parte de la distribución. Para colmo de males, los carteles de producción extranjera llegaban contados y sostuvieron una difícil supervivencia debido al desgaste que producía su extenso recorrido comercial.

13. En los escuálidos cines de barrio, los carteles eran la única vestimenta que destacaba de su fisonomía.

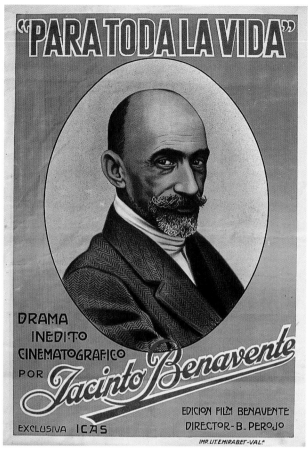

14. PARA TODA LA VIDA (Esp.1925). Un curioso ejemplo de cartel, con el productor de la película, Jacinto Benavente, como única representación gráfica. La figura del dramaturgo suponía un valor añadido a la debil imagen del cine de esos años.
Tamaño, 55 x 77 cm.

15. Página del Catálogo de **S.Huguet**, temporada 1934. En la parte inferior de la misma se puede comprobar los distintos materiales de promoción que utilizaban las películas españolas, así como el precio de los mismos.

Ilustradores y Lenguaje

Durante las dos primeras décadas del siglo la ilustración española se movió en unas constantes de gran riqueza artística y relevancia, especialmente la que tuvo como destino el cartel publicitario o comercial. Son innumerables los creadores pictóricos de relieve que se sintieron atraídos por este medio: en la retina de todos los amantes del cartel de esos primeros años están grabadas muchas de las creaciones de nombres como Alexander Riquer, Ramón Casas, Gaspar Camps, Joan Llaverías, Miquel y Antoni Utrillo, Carlos Vázquez, Fº de Cidón, Llorenç Brunet, Adrià Gual, etc. Sin embargo, al primitivo cartel de cine no le rodaron tan bien las cosas como en un principio cabía imaginarse. Hasta tal punto, que no contó con el concurso —al menos que se sepa— de ninguno de los autores citados. Ni siquiera con el último de los enumerados, Adrià Gual, a pesar de que este polifacético artista —que sí se prodigaría en el cartel teatral— fundara en 1913 una de las productoras más significativas de esos años y llegara a dirigir varias películas.

Quienes analicen este hecho desde la distancia y superficialidad que ponen de por medio los años no acabarán de entender el porqué de esta discriminación artística. Pero lo cierto es que la realidad de uno y otro sector cartelístico fue bien distinta.

En el cartel comercial todo fueron ventajas: se había puesto de moda años antes de que apareciera el cine, llegándose incluso a coleccionar; las principales casas comerciales lo elegían como el medio fundamental de sus campañas publicitarias y carecía, en general, de frenos presupuestarios, hacia el artista y

hacia la impresión final, como demuestra el hecho de que en algunos carteles se llegaban a contar hasta doce tintas. En definitiva, se había ganado la credibilidad, incluso como obra de arte, de artistas, empresarios y destinatarios finales. La causa principal de tan envidiable situación radicaba, sin lugar a dudas, en la corriente de gran permisividad creativa que había labrado como medio de expresión. Esta corriente fue la causante de la progresiva afluencia al mismo de los mejores nombres del arte ilustrativo de nuestro país.

Por contra, el cartel de cine de los inicios siguió unos derroteros de escasa ventura y fertilidad, al no contar con ninguna circunstancia propiciatoria, aunque, en realidad, todas las vicisitudes por las que pasó fueron siempre consecuencia de la precariedad económica y técnica de nuestro cine, frente a la robustez del foráneo.

Hasta la llegada de los primeros largometrajes era impensable que a alguien se le ocurriera diseñar cartel alguno. Las películas, de escaso metraje, eran proyectadas en sesiones en las que a veces se apiñaban hasta diez títulos. Un hecho que sin lugar a dudas impedía personalizar en un solo título cartel alguno. Tampoco la distribución alcanzaba radios excesivamente generosos que fuesen mucho más allá del ámbito local. La producción española carecía de infraestructura y las escasas producciones que se llevaban a cabo— fruto siempre de la iniciativa privada— manejaban tan escasos presupuestos que a duras penas lograban llegar al final del rodaje. En esas circunstancias, a muy pocos se les ocurría poner sus miras en el cartel litográfico;

16. DON PEDRO 1 (Esp,1911). Se trata del primer cartel conocido, que incluyó la firma de un famoso ilustrador de la época: **Pere Montanyá.** Tamaño, 200 x 145 cm.

y menos aún, en alguno de los ilustres creadores de renombre del otro cartel, el publicitario. Como mucho, se limitaban a confeccionar algún que otro cartel de carácter tipográfico o, en el mejor de los casos, que incluyera alguna escena fotográfica monocolorista.

Por tanto, y aunque es arriesgado aseverar debido a la dificultad que entraña escarbar en los primitivos testimonios gráficos de nuestro cine, hasta la década de los años veinte no creemos que se produjeran demasiados ejemplos de carteles bajo la firma de ilustrador reconocido. Dos de los primeros testimonios observados se centran en una misma firma: la del catalán **Pere Montanyá**, pintor paisajista y cartelista del que apenas se tienen otros datos que no sean sus excelentes trabajos en el campo del cartel y de la postal publicitaria. Los testimonios corresponden a las películas *Don Pedro I* (1911) y *La vida de Cristóbal Colón y el descubrimiento de América* (1916). Se trató de producciones de gran tamaño —4 y 2 hojas, respectivamente— que fueron realizadas en **Seix y Barral**, taller litográfico donde habitualmente prestaba sus servicios el autor. Asimismo, en la segunda de las películas, ahora en el cartel de 6 hojas, se dio cita otro artista reconocido aunque no en el campo del cartel. Nos referimos a **Julio García Gutiérrez**, un pintor marinista, nacido en París en 1882, que ejerció el profesorado en la escuela de Bellas Artes de Barcelona.

También **Carlos Ruano Llopis** —el artista valenciano que ha pasado a la historia como el paradigma del cartelista taurino— hizo alguna incursión en el iniciático cartel de esos años. Se trató de una película de jornadas francesa, *La torre de Nesle* (1912), de la que al menos realizó dos modelos de cartel; aunque la producción de los mismos creemos que tuvo lugar hacia la mitad del decenio.

No será hasta la década de los veinte cuando el cartel de cine comience una andadura que, si no del todo uniforme, establecerá las bases de un futuro que se adivinaba cercano. Hasta ese momento, la mayoría de los carteles que engalanaban las fachadas de los coliseos eran producidos fuera de nuestro país y en el idioma original de la película, algo que, salvo excepciones, se mantendría hasta bien entrada la década en este tipo de producciones foráneas.

LOS AÑOS VEINTE

La industria cinematográfica nacional sigue sin encontrar el pulso adecuado. Barcelona, que se había mantenido a la cabeza de la producción, junto a Valencia, inicia su declive. Sin embargo, florecen los bautismos de casas editoras en gran parte de la geografía española —lo que se ha dado en llamar cine de autonomías. También Madrid, que en las dos décadas anteriores poco se había significado dentro del panorama nacional, despierta de su letargo —tanto productivo como de aceptación popular hacia el fenómeno cinematográfico—, en busca de una industria y supremacía que nunca había tenido. En el resurgir madrileño fue clave la creación de **Atlántida Cinematográfica**, una productora que contó entre sus fundadores —todos ellos aristócratas— con el Conde de Milana, el Marqués de Camarines, algún miembro del gobierno e incluso el propio Rey. A pesar de su corta vida —siete años— tuvo un gran significado en la evolución no sólo de la industria local, sino también de la nacional.

Estos nuevos movimientos, unidos al protagonismo e influencia que ejercían en el circuito los carteles producidos en el extranjero, provocaron una mayor competencia comercial en el área de la distribución; hecho que obligó al sector autóctono a diseñar todo tipo de materiales de promoción, entre los que no faltaron los carteles. Por esa fecha, tres eran los centros que acaparaban la mayor parte de la producción cartelística del país: Barcelona, representada principalmente por **Gráficas Bobes, R.Molero** y **Litografía R. Folch**; Madrid, donde sólo destacaba **Litografía**

Fernández; y Valencia, con **Litografía Ortega** —la más madrugadora de todas ellas— y **Gráficas E. Mirabet**, ésta última en menor medida.

Respecto a **Lit. Fernández**, cabe resaltar un hecho notable protagonizado por la saga familiar de los Fernández Ardavín. El padre y abuelo de los realizadores Eusebio y César Fernández Ardavín, respectivamente, fue el propietario de la mencionada y popular litografía. Y un hermano de Eusebio, **César Fernández Ardavín**, —padre del realizador del mismo nombre— el creador gráfico de la mayor parte de los abundantes carteles que la litografía editó en esos años, incluidos los que pregonaron las películas de su hermano Eusebio. En un principio, firmó algunos trabajos con su nombre completo, **César Fdez. Ardavín**, y más tarde lo haría bajo el seudónimo de «Vinfer». *La Revoltosa* (1925), EL *negro que tenía el alma blanca* (1927) o *Se cruzó en mi camino* (1926?), película alemana de Olga Tschechowa, son algunas de sus creaciones más destacadas. Fue un excelente pintor, alumno del célebre artista valenciano Cecilio Plà.

Hacia 1927, la variedad y riqueza de los materiales promocionales que despliega el mercado era de tal medida, que para sí la quisiera la actual industria que da cobertura promocional al sector. Vean un listado sacado de un anuncio de la época, firmado por la también distribuidora **Febrer y Blay**: *Carteleras luminosas circulantes por la vía pública, Carrozas adornadas artísticamente, Carteles de 24 hojas en papel y tela, Siluetas al óleo sobre madera para vestíbulos, Cromos de artistas, Postales, etc.*

El cartel cinematográfico cobra cada vez más relevancia en los resultados de taquilla. Conscientes de ello, algunos productores ponen en liza una de las formas de creación más populares y que mejores resultados había dado al cartel publicitario desde principios de siglo: el concurso. Esta buena nueva propicia que un alto número de insignes artistas de la ilustración española se dejen tentar por él en busca del preciado premio, no tardando en aparecer en la escena cartelística del sector importantes nombres (no todos los títulos que se relacionan a continuación fueron creados bajo esta fórmula): **León Astruc**, *La hermana San Sulpicio* (1927); **Roberto Bladrich**, *Carmen* (1926); **Salvador Bartolozzi**, *El bandido de la sierra* (1926); **Roberto Domingo**, *Rosario la cortijera* (1923), *Diego Corrientes* (1923), *La medalla del torero* (1924); **Ruano Llopis**, en la producción foránea, *La torre de Nesle* (1912), aunque imaginamos que lo realizó hacia 1915; **Rafael de Penagos**, *La hermana San Sulpicio* (1927) y *Agustina de Aragón* (1927); **Máximo Ramos**, *La casa de Troya* (1924); **Sancha**, *El pobre Valbuena* (1923); **Federico Ribas**... Pero la aportación de estos hombres al cartel de cine tan solo será un canto de sirena: la mezquindad económica y la opuesta concepción que tienen del cartel unos —los productores de la película— y otros —los ilustradores— acabará por mandar al traste la aventura cinematográfica de estos maestros de la ilustración. Lo que podía haber sido un legado cultural de gran riqueza y significación, tanto en la parte gráfica como en la cinematográfica, se quedará tan sólo en un maravilloso y efímero intento. Vean lo que opinaba la famosa distribuidora **Repertorio M.de Miguel** —fundada en 1914— en uno de los editoriales de su catálogo para la temporada 1924/1925, *« (...) otra de las cosas que hay que cuidar es la reclame. Es necesario que la propaganda que se haga de cada cinta oriente al público de lo que verá, tanto si se trata de un asunto histórico, como si es un drama moderno, dándole a cada película una propaganda adecuada y amplia, pues es sabido que el cinematógrafo, por su índole especial de ser una arte mudo, necesita mayor publicidad que cualquier otro espectáculo».*

En una encuesta publicada en el Nº 82 de la revista «Popular Film», en Febrero de 1928, titulada *«encuesta a nuestros dibujantes»*, en la que éstos y otros autores dan su opinión sobre «El arte del cine y el papel del cartel en su expansión comercial», se ponen de manifiesto las principales diferencias entre ambos bandos. La más importante, como hemos dicho, giraba en torno a la interpretación conceptual del cartel. Los autores estaban acostumbrados a trabajar el otro cartel, el publicitario, con mayor libertad creativa de la que normalmente se daba en el cine. Las exigencias de éste les obligaba a trabajar bajo unas encorsetadas reglas que no eran otras que las de trasladar al cartel —partiendo de una fotografía—, sin mayor concesión al simbolismo o la metáfora, una de las escenas más importantes de la película.

17. La mayoría de las primeras creaciones cartelísticas debieron ceñir su mensaje a las estrictas reglas de los productores. Estas no eran otras que las de trasladar al cartel —por medio de la ilustración— una de las fotografías del rodaje, sin concepción alguna al simbolismo. En este caso se trató de la película española EL LAZARILLO DE TORMES (1925)

Pero ésta no fue la única dificultad con la que se encontraron: también denunciaban la falta de seriedad y sensibilidad de algunos de los productores. A continuación transcribimos parte del artículo que servía de introducción a la encuesta:

« (...) *los editores de films, de proverbial tacañería e incomprensión, lejos de estudiarlo con cariño, lo desprestigian con sus métodos. Sino abusan del engaño —encargan, con avara humildad, a una firma de categoría "la portadilla para un libro", y resulta que "la portadilla" se transforma en flamante cartel ante el asombro y la indignación del autor, perjudicado en el cobro de su trabajo en diez veces menos de lo que le correspondía de obrar con honradez—, explotan a los noveles, malpagándoles, o se limitan simplemente a elegir, sin gusto alguno, un fotograma: lo mandan a ampliar...y que el litógrafo lo ilumine, retoque y saque el cartel».* También el cartelista **Roberto Baldrich** se despachaba a sus anchas. Ante la pregunta... « *¿En qué estado se encuentra en España el asunto que nos ocupa?»,* contesta: « *(...) los films se impresionan con presupuestos mezquinos y, cuando se llega a la propaganda, uno de los factores más trascendentales en el negocio, se ha agotado el dinero, y para que resulten los carteles menos gravosos, se encargan a dibujantes de última hora o a aficionados que degüellan lo que debía ser la síntesis de la película. Ésta es la verdad, dolorosa para todos».*

A los grandes nombres ya mencionados hay que añadir los de algunos otros autores que, sin haber alcanzado gran fama, desarrollaron un amplio y dignísimo trabajo.

De entre todos, quizás el más prolífico sea el valenciano **Joaquín García Moya**. Un dibujante —como se les llamaba entonces— premiado en distintos concursos de carteles comerciales y de ferias, que dedicó la mayor parte de su trabajo al cartel de cine a través de su producción en la plantilla de **Litografía Ortega** —una de las más importantes empresas cartelísticas que se han dado en nuestro país y, probablemente, la más productiva y de mayor nivel técnico de cuantas trabajaron el cartel del sector que nos ocupa. El trabajo de este autor, de escaso dinamismo y limitado

sin duda por las exigencias de los encargos, se vio reflejado en títulos como *Tarzán de los monos* (1918/1920), *Los granujas* (1924), *El lazarillo de Tormes* (1925), *Luis Candelas o el bandido de Madrid* (1926), *La loca de la casa* (1926), *La Condesa María* (1927), etc.

Otro de los asiduos en esos años fue el también valenciano **J. Estrems**. Su trabajo estuvo presente en títulos como *La sobrina del cura* (1925), *Pepita Jiménez* (1925), *El pollo pera* (1926), *Las de Méndez* (1927), *Por un milagro de amor* (1928), entre otros muchos. También hay que destacar firmas como las de **Gago-Palacios**, con excelentes carteles para *Malvaloca, El cura de la aldea, El patio de los naranjos,* todas ellas de 1926; o la de **Tristán** para la película de Benito Perojo *Boy* (1925): un cartel, cuyo sentido decorativo alcanza una bellísima factura y del que sospechamos pudo haber sido realizado por el mismísimo **Rafael de Penagos**, bajo seudónimo.

Otro de los carteles emblemáticos de esa época y que mejor reflejó las distancias entre el gusto del artista y lo que normalmente exigían la mayoría de productoras —porque en esta ocasión, por fortuna, no parece que existieran muchos requerimientos— corresponde a *La bruja* (1923). Un maravilloso trabajo del ilustrador valenciano **J. Dubón**, ejemplo de síntesis e integración de elementos, pero antagonista absoluto desde la vertiente temático-denotativa del film (ver foto nº28) ya que, como se puede apreciar, nada en él hace prever que se trate de una zarzuela.

Hacia finales de la década, los grandes estudios de Hollywood, que ya dominaban gran parte de nuestro mercado —los europeos lo habían colonizado antes—, tienen instaladas sus oficinas de distribución en nuestro país. Esto hace que parte de sus carteles, que hasta ese momento eran importados, comiencen a producirse en nuestra industria. Entre los más vespertinos destacaron los editados bajo los sellos de **Los Artistas Asociados** e **Hispano Foxfilm**. Junto a ellos también debe resaltarse a la productora alemana **Ufa**, aunque la mayoría de los carteles españoles que editaba correspondían a creaciones gráficas de procedencia germana.

Al mismo tiempo, las distribuidoras independientes que comercializaban en España los films producidos en el extranjero imponen un mayor sentido comercial a su gestión emprendiendo nuevas iniciativas que desembocarán en la españolización de sus carteles: en unos casos respetando la creación del país de origen, pero editándolo en nuestro país con los créditos en castellano —como sucedió, por ejemplo, con el cartel de la película francesa *Carmen* (1926), del célebre cartelista **Jean Adrien Mercier**; en otros, encargando una nueva creación puramente autóctona.

Entre las más madrugadoras de esta última práctica —aunque en ninguna de sus primeras creaciones constatadas observamos firma alguna—, hay que destacar a **Films Piñot** y **Mundial Films** —distribuidora, ésta última, que inició su andadura con la superproducción *El Capitán Blood* (1925), a la que vistió con todo tipo de galones comerciales en los días de su estreno en España, como se puede observar en la fotografía que ilustra esta página. Todo ello redundará en beneficio del sector, provocando la afloración de nuevos talleres litográficos, así como la incursión en el mismo de jóvenes valores del lápiz y el pincel.

La mayor curiosidad del período, en el tema que nos ocupa, tiene como protagonista al gran cartelista español, maestro de maestros, **Josep Renau i Berenguer**, del que nos ocupamos más adelante. Los diferentes estudios a los que ha dado lugar su obra sostienen que su aportación al cartel de cine en España estuvo limitada a los años que duró la segunda República (1931-36). Sin embargo, hoy sabemos que realizó un primer trabajo cuando sólo contaba 19 años de edad. La película se tituló *Muñecas* (1926) y estuvo producida en Valencia bajo el sello **P.A.C.** —Producciones Artísticas Valencianas.

18. Un claro ejemplo de la importancia y riqueza que cobraron los carteles y demás materiales gráficos en la década de los veinte.
La fotografía recoge el estreno en España de EL CAPITAN BLOOD (USA,1924)

19. MUÑECAS (Esp,1926). Primer cartel realizado por **Josep Renau** a la edad de 19 años. Tamaño, 120 x 165 cm.

20. Siguiendo la corriente de Hollywood, también el cine nacional recurrió a los carteles para encumbrar o mitificar a alguno de sus protagonistas.

Por lo que se refiere a la expresión comunicativa o contenido gráfico del cartel en esta década que hemos denominado de inicial madurez sectorial, hay que diferenciar entre dos lenguajes de carácter antagónico: los carteles que daban cobertura a las producciones nacionales y los que hacían lo propio con las foráneas, especialmente las de Hollywood.

Los actores nacionales no poseían el suficiente crédito y notoriedad —tampoco nuestro cine— como para poder equipararse a los creados por el laboratorio americano del *star system*, de manera que los carteles raramente basaban su mensaje en sublimar su figura. Y en no pocos casos, ni siquiera la propia figura del actor era destacada del resto del cartel; ya hemos dicho que lo habitual era ver en ellos alguna escena significativa de la película, casi siempre desde amplios y desangelados encuadres. Hubo algunas excepciones, como en el caso de la película de Benito Perojo El *negro que tenía el alma blanca* (**Vinfer**,1927), donde sobresale la figura de Conchita Piquer airosamente coronada por una majestuosa peineta del más puro estilo *modernista*; pero fueron mínimas. Sin embargo, hubo alguna distribuidora —como fue el caso de **Arajol** (1918)— que llegó a contar entre sus diferentes artículos promocionales con carteles en los que aparecía la figura de su fundador, **Juan Arajol**.

Donde sí era habitual ver resaltada la figura del astro o estrella era en los carteles correspondientes a películas extranjeras. Hacia mediados de los años veinte, infinidad de artistas internacionales —particularmente los que recibían el amparo de los grandes estudios hollywoodienses— se habían hecho ya tan familiares en nuestro país, que su sola presencia en la película influía sobremanera en un mayor peregrinaje del público a la sala; de ahí que las grandes figuras del celuloide fuesen particularmente sublimadas y enaltecidas en muchos de los carteles en detrimento de otros mensajes de mayor contenido gráfico-estético, fórmula que se extendería en décadas venideras, con mayor rigor si cabe. Incluso el cine nacional, influenciado por el carisma y el tirón comercial de algunos de los astros norteamericanos, jugó con el público de forma pícara e intencionada la baza del equívoco en busca de mayores logros de taquilla. Si observan los carteles correspondientes a las películas *Charlot, torero español* (1928) y *Ya t`oyí* (1928), advertirán lo que decimos. En ambos, la figura de Chaplin adquiere total protagonismo, cuando en realidad fueron sucedáneos filmados por nuestra industria que nada tenían que ver con el actor. Se trata de los únicos ejemplos encontrados, hasta esa fecha, cuyo tratamiento gráfico se aparta del realismo para entrar de lleno en un estilo de trazo humorístico o caricaturesco. Están firmados por **F.Martínez** y **Germán Horacio**, respectivamente.

Aún con todas las vicisitudes por las que tuvo que pasar el iniciático cartel durante los años viente, ésta fue sin duda la etapa de mayor esplendor artístico a lo largo de toda su historia. No se puede negar que fueron mayoría los carteles producidos bajo los mínimos exigidos a todo buen cartel, ya que gran cantidad de ellos fueron realizados por operarios poco cualificados, que trabajaban en los propios talleres y que se limitaban a colorear la fotografía del rodaje, sin que existiera de por medio creador gráfico alguno. Pero no es menos cierto que también fueron abundantes —aunque en menor cantidad— los que alcanzaron un altísimo nivel creativo, gracias al talento de las esporádicas pero grandes firmas que se asomaron en esos años al cartel, esencialmente en el de producción nacional.

El liberalismo artístico que se dio en esos años en la concepción de algunos carteles de producción autóctona no tuvo parangón en ninguna otra etapa del cartelismo cinematográfico español. No se puede hablar de escuelas ni de modas. Ninguno de los grandes siguió a nadie. Cada creador trató de imponer su estilo, su trazo, aunque como hemos dicho su ensoñadora aportación al cine tuviera un repentino despertar.

En cualquier caso, y a pesar de que la masiva desbandada que se produjo entre los ilustradores de renombre estuvo motivada principalmente por las encorsetadas reglas que imponían las productoras y distribuidoras a su trabajo, no es menos cierto que las mayores exigencias de éstas últimas sobre los criterios de creación aplicados al cartel se radicalizarían en décadas posteriores, como pudieron comprobar más adelante otros artistas de renombre.

LOS AÑOS TREINTA
Al inicio de la década de los treinta, los espectadores de medio mundo celebraban con algarabía la llegada del sonido a las pantallas. Sin embargo, lo que en un principio suponía un gran avance para el sector internacional, en nuestro país fue algo así como el descalabro definitivo de su industria. La llegada a nuestras salas del *cine parlante* —como se le denominó— provocó una larga etapa de zozobra y penumbra en la producción autóctona. Nuestros estudios se vieron sorprendidos por un nuevo sistema de filmación, que incorporaba directamente el sonido a la cinta, y tardaron algún tiempo en readaptarse.
Ello no significó contratiempo alguno en la progresión cartelística que se estaba produciendo, sino todo lo contrario. Las producciones de medio mundo fijaron todavía más si cabe sus objetivos comerciales en nuestro territorio, con Hollywood a la cabeza, inundando con todo tipo de cintas —muy especialmente las musicales— las pantallas de nuestra geografía. España reaccionó tímidamente con alguna producción —lo que le permitía su endeblez técnica—, y asistió impávi-

21. LA MUJER X (*USA,1930*). Entre 1930 y 1935, Hollywood produjo cerca de 200 películas en lengua hispana. Hasta la llegada del doblaje, los espectadores estaban obligados a ver la película en su idioma original. La apostilla "Hablada en español" fue común en la mayor parte de los carteles de esos años.

da a la desbandada migratoria de una gran parte de su colectivo cinematográfico hacia la meca del cine: actores, guionistas y técnicos son contratados por Hollywood para dar cobertura a sus producciones en *español*, destinadas a los mercados de habla hispana. Todo ello se traduce en un mayor aumento de la producción cartelística —creaciones en las que no faltarán las alusiones al idioma, *«hablada en español»*— y en la plena *españolización* y confirmación del cartel autóctono como medio propagador. Prueba de ello es la aparición de nuevos talleres de impresión —o la reorientación de algunos ya existentes— en Valencia y Barcelona, con clara vocación sectorial: **Litografía S. Dura, Gráficas Valencia, Gráficas E. Mirabet** y **Litografía J. Aviñó**, en la primera; y **Martí-Marí, Gráficas Viladot, I.C. Plauber** y **Gráficas Vior**, en la segunda. Se vivían tiempos de febril y multidireccional actividad artística, fruto de la recién inaugurada II República.

Hasta la aparición de **Cifesa**, primero como distribuidora (1932) y algo más tarde como productora (1934), con **Josep Renau** como principal estandarte gráfico, el cartel de esos años progresa perezosamente en sus variables estilísticas y compositivas respecto al de finales de los años veinte. Lo que sí denota es una mayor estandarización conceptual en la parcela del mensaje. Su discurso se hace más uniforme, en beneficio de la base argumental del film y/o de la figura del actor. El concepto de pareja protagonista, que por entonces empieza a arraigar entre los espectadores, es recreado e incluso sublimado por algunos carteles. **Maurice Chevalier-Jeanette Mac-Donald, Clark Gable-Jean Harlow, Fred Asteire-Gingers Rogers, George Raft-Carole Lombard**, etc., son llevados al cartel bajo criterios enaltecedores hacia sus figuras, y en actitudes de ensamblaje poco menos que indivisible; como si se tratase de acurrucados tortolitos a los que nada ni nadie pudiera desunir.

Las principales distribuidoras tratan de unificar sus carteles, dotándolos de códigos gráficos que les permitan diferenciarse de la competencia. Al mismo tiempo, intentan profundizar en la definición de criterios expresivos que puedan favorecer mejor sus fines propagandísticos.

La que mayor actividad ejercitó en este sentido, tanto en el aspecto cuantitativo como en personalidad gráfica, fue **Metro Goldwyn Mayer**. Su afán por adornar los carteles con signos diferenciales le llevó a trabajar con algunos de los mejores cartelistas del momento. Destacan los catalanes **Martí Bas** y **Josep Morell**, especialmente éste último que fue uno de los más grandes y prolíficos creadores de imágenes en la historia del cartelismo español, aunque no se prodigara en exceso en el de ámbito cinematográfico. **Morell** manifestó a lo largo de su obra una primorosa variedad de estilos, todos ellos de impecable factura. Pero lo que verdaderamente destaca de su trabajo es su exquisita capacidad de síntesis y de abstracción gráfica. En el libro se pueden ver dos de sus excelentes trabajos: B*usco Millonario* (1934) y *La Nave de Satán* (1935). Respecto a **Martí Bas**, cabe destacar la destreza cromática en la aplicación del color, como se puede observar a través del único cartel que figura en el libro, *Ojos que matan* (1936).

También los coetáneos carteles de **Paramount**, impresos en la **Litografía Martí-Marí**, tuvieron una intachable y *glamorosa* factura. Sin embargo, ninguno de ellos se vio acompañado por la firma de su creador, imaginamos que por imposición de la distribuidora, algo bastante habitual en la época. Algunos contienen caracteres de la corriente *Art Decó*, cosa que no sucedió —al menos entre los que hemos analizado— con el resto de las producciones de esos años, a excepción del cartel de Radio Films *Sombrero de copa* (1935). Otros autores sobresalientes que suponemos habituales durante la primera mitad de la década fueron **Carrilero Abad, Pedraza Blanco, Paco Rivera, José Solé, Tulla** y **Frexe i Lacalle**. También **Roberto Domingo** volvió a repetir suerte con un primoroso cartel para la película de ambiente taurino *El sabor de la gloria* (1932).

La creación de **Cifesa** y su entusiasta apuesta por el cine nacional dinamizará las renqueantes estructuras de nuestra producción. Su fundación tiene lugar en Valencia, por iniciativa de un grupo de empresarios e inversores a los que poco tiempo después se les unirán Manuel Casanova y dos de sus hijos. Uno de éstos, Vicente, sería el verdadero artífice de la fulgurante y gloriosa proyección que experimentará la compañía.

Desde el primer momento, **Cifesa** apostó por sólidos y ambiciosos criterios empresariales. Trató de imitar el modo de hacer de los grandes estudios americanos, acaparando para sus producciones a las principales figuras nacionales de la dirección y la interpretación. Ese mismo espíritu le hizo, asimismo, valorar seriamente todo lo relativo a la divulgación y promoción publicitaria de sus películas. Así, la firma de **Josep Renau** no tardó en hacer su aparición como máximo exponente gráfico en los primeros carteles que editó la compañía, señal inequívoca del talante progresista de la empresa. La llegada oficial de **Renau** al cartel cinematográfico se produjo de la mano de **Gráficas Valencia**, empresa con la que tenía un acuerdo exclusivo de colaboración, coincidiendo con uno de los momentos de máxima actividad profesional del artista. Por esas fechas —año arriba, año abajo—, la impronta de **Renau** está presente en multitud de actividades: imparte clases en la escuela de Bellas Artes de San Carlos; pertenece —socio fundador— a la Unión de Escritores y Artistas Proletarios; se haya inmerso —y sale ganador— en varios concursos de carteles (Exposición Nacional de Bellas Artes, Instituto Nacional del Vino y Feria de Valencia); es director gráfico de la revista «Orto»; colaborador de la publicación «Nuestro Cine», etc.

De cuantos cartelistas trabajaron para el cine, **Renau** es sin duda el ilustrador más venerado por críticos y coleccionistas. La importancia de su obra, reconocida en medio mundo,

ha dado lugar a diferentes estudios en los que se puede observar gran parte de su legado gráfico, no sólo el que orientó hacia el cine —probablemente el menos reconocido—, sino también el que tuvo como destino la publicidad comercial o la política. Este último, producido durante la guerra civil y denominado cartel de guerra, tenía como objetivo la propagación de los valores republicanos sobre las conciencias de las masas populares. **Renau** se inicia en el mundo del arte desde muy temprana edad. Gana su primer concurso de carteles en 1924, cuando aún no ha cumplido los 18 años. Apenas desvelada su vena artística, denota ya una inquietud proyectiva de gran variedad instrumental: fotógrafo, muralista, cartelista, dibujante, etc. Su firma adquiere un alto protagonismo como consecuencia de los excelentes trabajos que produce a través del fotomontaje y de la composición gráfica, ambos de clara inspiración en el movimiento *constructivista* de la vanguardia rusa.

La relación de **Renau** con el cartel de cine español fue corta pero emblemática. Su aparición trastocaría gran parte de las técnicas y pensamientos plásticos habituales: excelente concepción compositiva entre la figura y el fondo, tratamiento colorista del espacio mediante tintas planas y, sobre todo, la frescura y fuerza goemétrica de su dibujo, de personalísimo regusto cubista y excelente técnica aerográfica. Todo ello dotó popularmente a su obra de unos caracteres de gesta revolucionaria. Los carteles que expresan con especial intensidad estos valores son los de las películas soviéticas *Tchapaief* (1934) y *Los marinos de Cronstadt* (1936), que fueron estrenadas en nuestro país, en zona republicana, con fines propagandísticos.

Respecto al cine convencional, éstos son algunos de sus trabajos más sobresalientes: *La hermana San Sulpicio* (1934), *Madre mía* (1934), *Rumbo al Cairo* (1935), *El 113* (1935), *La verbena de la paloma* (1935), *Currito de la cruz* (1936) y *La reina mora* (1936).

Desafortunadamente, su activismo republicano —llegó a ser Director General de Bellas Artes durante la contienda civil— le obligó a exiliarse fuera de España. En su destierro mexicano le acompañaron su hermano **Jeanino** y el también cartelista valenciano **José Spert**. Pero para entonces su huella se había instalado, como un estigma, en algunos de los iniciáticos cartelistas de su círculo más próximo.

El efecto mimético de **Renau** tuvo un largo alcance. Fueron abundantes los autores que se vieron influenciados por su obra, en mayor o menor medida. Entre los que alcanzaron el éxito, destacan tres nombres:

Rafael Raga Montesinos, que firmó primero como **Raga** y más tarde como **Ramón**. Pintor, cartelista y maestro fallero, su excelente dominio de la aerografía a pistola le situó artísticamente muy cerca de la plástica expresiva de **Renau**. Tan solo la desaforada cuantía de su producción —es probable que alcanzara el millar de carteles entre 1935-60— le impidió expresar todo el arte que llevaba dentro, cubriendo su tarea de ambiguos tintes cualitativos. Con todo ello, su obra está plagada de excelentes composiciones. Sin duda alguna se trató de uno de los grandes del sector.

José Peris Aragó, cuya incursión el cine, al igual que en el caso de **Renau**, vino de la mano de **Cifesa**. Trabajó para esta productora desde los inicios de la misma a través de **Gráficas E.Mirabet**, pero su mayor presencia en los carteles de **Cifesa** vino como consecuencia del exilio de **Josep Renau**. Hacia 1940 amplió su producción con una nueva empresa, **Gráficas Vicent**, que por esa época se convirtió también en proveedora de la productora valenciana. Fue uno de los escasos cartelistas en los que se advierte una inequívoca vocación pictórica, hecho que se evidencia en el grosor desmesurado de su trazo, exento de estilismo y terminación pero dotado de gran personalidad. Salvo en algunas de sus primeras creaciones, siguió un camino antagonista al de la escuela **Renau**.

Emilio Chapí Rodríguez, uno de los grandes olvidados en el panorama analítico del cartel de cine. **Chapí**, discípulo fallero de **Raga Montesinos**, se inició en el sector en 1939. En sus primeras creaciones se evidencia la dependencia creativa que posee del estilo **Renau**. Y aunque no la abandonaría del todo, sufriría un rápido proceso evolutivo repleto de personalidad expresiva. Sus carteles, relamidos en la forma y de composición abigarrada, poseen una deliciosa definición costumbrista, así como un exquisito sentido distributivo del espacio. La muerte le sorprendió cuando acababa de cumplir 38 años. Durante los años que ejerció su actividad (1939-49) produjo varios centenares de carteles.

Chapí protagonizó una de las anécdotas del cartel español más curiosas e irreverentes. Cansado y contrariado a causa de las estrictas e irracionales normas que la censura franquista ejercía sobre cualquier manifestación artística, decidió ponerla a prueba. El vehículo de su provocación fue el cartel *La bella de Yukón* (1944). En la composición del mismo aparece la actriz Gypsy Rose Lee, *la bella*, luciendo voluptuosamente un vestido del que penden dos rosas rojas. Si el lector observa las rosas del cartel con atención (nº 218), comprobará que entre ambas se sostiene un pene erecto, en situación eyaculadora, del que cuelgan los testículos. El original del cartel fue entregado, como era costumbre, al Sr.Vicente Martinez, dueño de la litografía del mismo nombre y encargada de imprimirlo, sin que nadie notara nada. Una vez impreso y distribuido, **Emilio Chapí** presumió de su fechoría, ante el estupor y pánico general de los responsables de la litografía.

Si hubo en esos años una empresa que manifestara en su producción un antagonismo conceptual con respecto a **Cifesa**, ésa fue **Filmófono**. Ricardo Urgoiti, su fundador, fue miembro de una familia vasca de talante liberal y progresista que controlaba negocios de prensa y radio en el sector de los medios de comunicación.

En un principio, 1930, la compañía inicia su actividad como distribuidora. En 1935 produce su primera película, *Don Quintín el amargao*, de la que Luis Buñuel es socio capitalista. Desde sus inicios, el actor, director y dibujante **Enrique Herreros** fue la persona encargada de controlar el departamento publicitario de la compañía.

Filmófono pretendió posicionar su producción en los campos de la comedia y el melodrama. Buscó guiones relacionados con determinados asuntos de la cultura popular española que permitieran ser tratados con lenguajes novedosos, en los que la frescura expresiva y la acidez crítica fueron una constante. Ni que decir tiene que la figura de Luis Buñuel, productor ejecutivo de la productora y guionista esporádico, fue una pieza determinante en el establecimiento de estos objetivos. El otro bastión, cuya personalidad estaba muy acorde con la que emanaba la compañía, sería **Enrique Herreros**. Éste no sólo velará por la salud promocional de las películas que **Filmófono** distribuía y producía, sino que será el encargado de realizar gran parte de sus carteles. Su sentido del humor y su personalísimo trazo, de expresión cómico-satírico-caricaturesca, marcarán toda una época en la cartelería cinematográfica española, especialmente la que coincidió con sus creaciones iniciales. El libro recoge dos de sus trabajos más tardíos, ya que no ha sido posible localizar ninguna de sus primeras obras. Como muchos sabrán, en 1941 fue uno de los principales artífices en el lanzamiento de *La Codorniz*, la revista de corte satírico y humorista.

En la década que nos ocupa se manifestó otra firma relevante, muy en consonancia con el estilo plástico de **Herreros**. Nos referimos a **Alonso**, un dibujante madrileño de personalísimo corte humorístico, quien destacó en trabajos como *La señorita de Trevélez* (1935) y *El malvado Carabel* (1935), éste último reproducido en el libro.

La llegada de la guerra civil trastocará parte de la progresión que tanto el cine nacional como el cartel estaban logrando. Durante este paréntesis, la globalidad del sector sufrirá los ardores de la guerra: la producción española será casi inexistente, y la foránea se verá sensiblemente mermada. El cine que produjo o importó uno y otro bando durante los tres años de contienda fue en su mayoría un cine armamentista, programado para ser utilizado con fines propagandísticos. La mayor parte de los carteles que le darían cobertura fueron realizados por artistas comprometidos con uno de los dos bandos que en su mayoría nada habían tenido que ver anteriormente con el sector, salvo casos aislados como el de **Josep Renau.** Aparte del anteriormente mencionado *Los marinos de Cronstadt* (1936), en el libro figura otro cartel de cine propagandista republicano, *Nuestro Culpable* (1937), realizado en la empresa de publicidad **Publicitas** y firmado por **Girón** (?).

Recién restaurada la paz, se hizo popular otro de los grandes nombres del cartel autóctono, aunque probablemente su llegada al cartel se produjera poco tiempo antes de iniciarse la guerra civil. Se trata del catalán **Josep Soligó Tena**, una firma que durante el tiempo que estuvo en activo figuró en la mayor parte de los carteles de **Twenty Century Fox**.

Soligó cursó estudios de pintura en la escuela de Bellas Artes, llegando a conseguir en 1939 la medalla de oro de la ciudad de Barcelona. Por esa época, la **Fox** se fijó en él y le contrató como creador gráfico de sus producciones. También realizó algunos trabajos para otras distribuidoras, entre ellas **Radio y Rosa Films**. Durante años, alternó esta copiosa tarea con la realización de carteleras y murales para la fachada del barcelonés cine Savoy. Fue, sin duda, el mejor retratista de cuantos trabajaron el cartel. Su estilo, pleno de armonía, equilibrio estético y sentido decorativo, se vio plasmado en cientos de carteles inolvidables. Pero si por algo está hoy presente en la memoria de cuantos conocen su obra, es por la fuerza y extravagancia de la que hizo gala en la aplicación del color: particularmente, cuando el tinte tenía como destino el rostro de los actores. Algunos analistas le podrán tachar de convencional y estático, pero supo como pocos comprimir y destacar, al mismo tiempo, la iconografía temática y temporal de los títulos en los que trabajó. Desde su aparición, se convirtió en obligada referencia y escaparate de cuantos trabajaron, al mismo tiempo que él y en adelante, el cartel. Estuvo en activo una treintena de años, en los que llegó a realizar cerca de medio millar de carteles.

AÑOS CUARENTA, EN ADELANTE

Los años cuarenta y cincuenta fueron de absoluta vorágine publicitaria. La edición de programas de mano y carteles multiplicó su cifra con ánimos competidores, intentando decantar la balanza hacia la empresa o película que representaban. El mercado cinematográfico adquirió su máxima madurez, situación que provocó un aluvión de nuevas firmas en el campo del cartel. Entre ellas destacará la de un viejo e ilustre conocido que repite: **Rafael de Penagos**. Su nombre aparecerá en dos nuevos carteles, en títulos que, en opinión de quien escribe, eran antagonistas a su sensibilidad y estilo: *La jungla en armas* (1939) y *El tren fantasma* (1941) —ambos carteles se encuentran en el libro.

A los ilustradores **Peris Aragó**, **Raga**, **Chapí**, **Olcina**, **Soligó**, etc, que seguían destacando desde su aparición en años anteriores, se unirá una nueva remesa de singulares autores: **López Reiz**, **MCP**, **José María**, **Estudio Llo-An**, **Jeanino**, **Moscardó**, **Grau Solís**, **Piñana**, **Beltrán**, **Albericio**, **Mac**, **Jano** y una interminable lista de autores prolíficos o esporádicos de mayor o menor catadura creativa. A pesar de todo y de todos, el cartel, en términos generales, tendrá una evolución de menor frescura creativa, plagada de códigos convencionales.

Una de las ausencias más sorprendentes del período 1940-60 fue la de los grandes creadores del Tebeo español. Dibujantes como Jesús Blasco, Emilio Freixas, Tomás Porto, Manuel

22. Dos cuadernos de la colección *Películas Famosas* (1948), de la Editorial Cisne. Están dibujadas por dos grandes nombres de Historieta española: **Jesus Blasco** y **Tomás Porto**. Sin embargo, ni estos ni otros dibujantes famosos del tebeo fueron tentados por el cartel de cine.

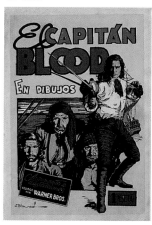

Gago, Francisco Batet, o el mismísimo Miguel Ambrosio, «*Ambros*», creador gráfico de *El Capitán Trueno* nunca fueron tentados por el cartel cinematográfico. Una verdadera pena, ya que cualquiera de ellos habría cualificado más aún el medio.

El estudio gráfico publicitario barcelonés que respondía al nombre de **MCP** actuó como un auténtica escuela de estilos durante la veintena de años que duró su actividad cartelística. Estaba dirigido por tres socios activos en la creación gráfica —**Ramón Martí**, **Josep Clavé** y **Hernán Picó**—que, por lo que se desprende de sus trabajos, eran notables profesionales dotados de gran criterio técnico y conceptual en la plasmación de sus creaciones. Prueba de ello es la gran cantidad de productoras y distribuidoras para las que trabajaron: **Warner Bros**, **R.K.O.Radio**, **United Artists**, **Universal**, **Columbia**, **Mundial Films**, entre otras. Independientemente de su disparidad estilística, es muy probable que los carteles salidos de esta firma sean los que mejor representaron los criterios e intereses comerciales de quienes los encargaban. Muy cinematográficos, la mayor parte de ellos denotan inteligencia, equilibrio, intención y dinamismo expresivo. Entre los distintos colaboradores que pasaron por este estudio, cabe destacar a **Macario Gómez**, «*Mac*».

La muerte prematura de **Emilio Chapí** apresuró la aparición en escena del mayor labrador de carteles en términos cuantitativos de cuantos alumbró nuestra industria.

Francisco Fernández «Jano», autor al que nos referimos, inició su andadura cinematográfica en la casa **Hispamex** elaborando bocetos que posteriormente realizaba **Chapí**. Hacia el año 1945, la enfermedad de éste le permitió responsabilizarse por entero de las creaciones de la distribuidora. Según sus palabras, la retirada de otro gran maestro, **López Reiz**, facilitaría hacia el final de la década su explosión definitiva, ya que los encargos destinados a este autor irían a parar a sus manos. Desde entonces, y hasta bien entrados los años setenta, su carrera —nunca más apropiado el término— estará más pendiente del *crono* que de explotar las enormes virtudes que poseía. Pero que nadie vea en estas palabras menosprecio alguno hacia su arte. **Jano** fue un magnífico cartelista, sólo que no siempre. Es cierto que pocos como él cultivaron tan certeramente cuantos estilos y escuelas tuvieron cabida en el cartel; que su excelente concepción cartelística le llevó a realizar magníficas composiciones: ahí están ejemplos como *Surcos* (1951) o *Bienvenido Mr. Marshall* (1951), y de centenares de creaciones más. Pero no es menos cierto que apostó más por la cantidad que por la calidad.

Jano, nombre que proviene de un personaje de historieta que él mismo creara en 1937 en la revista «La Motorizada», también firmó algunas de sus creaciones con los seudónimos de **Karpa** y **«Z»**. Fue el único de nuestros grandes cartelistas que había probado suerte en el Tebeo español, antes de aterrizar en el cartel. Su firma fué habitual en las portadas de la colección *Pelícano* (1944), de la editorial madrileña Marisal.

El último de los grandes nombres en llegar al cartel fue el de **Mac**, Macario Gómez. Sus primeros pasos profesionales los orientó hacia el mundo de la publicidad. Pero pronto se las arregló para trabajar en sus dos grandes pasiones: el cine y el cartel. El estudio **MCP** le dio la oportunidad de expresar su arte rodeado de los mitos cinematográficos que tanto admiraba. Pero no por ello dejó de concebir sus trabajos dentro de los más intactos conceptos comerciales de todo buen cartel. **Mac** llevaba grabada profundamente en su alma la más pura de las esencias cartelísticas. Tan seguro estaba de ello que, a pesar de los plácemes constantes que recibía por parte de la empresa para la que trabajaba, decidió independizarse. Trabajó con todas las grandes compañías cinematográficas del sector, y le cabe el honor de haber paseado alguna de sus creaciones por los cines de todo el mundo. Según sus palabras, llegó a producir más de un millar de carteles; y en muchos de ellos elevó a los altares de la belleza plástica los rostros femeninos de algunas estrellas. Vean, sino, los de Sara Montiel y Audrey Hepburn en *Pecado de amor* (1961) e *Historia de una monja* (1959), respectivamente.

No podemos terminar el presente análisis sin recordar el resto de los nombres que ayudaron a engrandar la ensoñadora historia del cartelismo cinematográfico español.

En la relación sólo figuran los nombres o seudónimos de aquellos autores que no hemos mencionado anteriormente y que hemos podido verificar. Están todos los que son, pero somos conscientes de que debieron ser muchos más: **Abarca, Ados-Estudio 23, Aguiar, ALE, Alvaro, Arte Estudio, Azk, Balonga-Cassar, Beut, Botella Pons, Capdevila, Carrilo, Clapera, Concheso, Dardo, Del Campo, Doris, Dos, Edi, Ekiss, Esc, Espín, Estudio Abarca, Estudios Moro, Francés, Frank, Freixas, Guillermo, Henry, Hermida, A.Ibarra, Iñigo, Juan Miguel, Juanino, Larraya, Lluesma, Martí Coll, Martí Ripoll, Martra, Mataix, Miguel, Mingote, Moncho, Montalbán, Mora, Moscardó, Napoleón Campos, Padilla, Parceval, Patilla, A.Peris, Pewas, Porrebón, Publia, Puyol, Roberto, Rojo, Rumbo, Santaballa, Summer, Trillo, Ullán, Vázquez Díaz, Vercher, Viciano, Villamayor, Viñez,** y **V.M.Yañez.**

Muestra de Carteles

1920 - 1965

23. TARZAN DE LOS MONOS
Tarzan of the apes (USA,1918-20)
Joaquín García. 140 x 165 cm.

24. TARZAN DE LOS MONOS
Tarzan of the apes (USA,1918-20)
Joaquín García. 165 x 140 cm.

25. SE CRUZO EN MI CAMINO
? *(Alem. años 20)*
César F.Ardavín «Vinfer». 104 x 80 cm.

26. LOS ASTROS DE LA RISA
Anónimo. 70 x 100 cm.

27. EL CHICO
The Kid (USA,1921)
Anónimo (años 40). 100 x 140 cm.

28. LA BRUJA *(Esp.1923)*
Dubon-Guasp. *77 x 110 cm.*

29. GLORIA QUE MATA *(Esp.1923)*
Anónimo. 24,5 x 35 cm.

30. MAS ALLA DE LA MUERTE *(Esp.1923)*
Joaquín García. 135 x 100 cm.

31. EL CAPITAN BLOOD
Captain Blood (USA,1924)
Anónimo. 83 x 113 cm.

32. LOS GRANUJAS *(Esp.1924)*
Joaquín García. 120 x 165 cm.

33. LOS NIBELUNGOS
Die Nibelungen (Alem.1923-4)
(?). 70 x 100 cm.

34. CURRITO DE LA CRUZ *(Esp.1925)*
     Juan Miguel. 120 x 165

35. BOY *(Esp.1925)*
Tristán. 120 x 166 cm.

36. LA QUIMERA DEL ORO
The gold rush (USA, 1925)
Fernando Piñana (1944). 70 x 100 cm.

37. MIENTRAS LA ALDEA DUERME *(Esp.1926)*
Joaquín García. *77 x 110 cm.*

38. EL PATIO DE LOS NARANJOS *(Esp.1926)*
Gago-Palacios. (?) 114 x 84 cm.

39. CARMEN
Carmen (Fr.1926)
Jean A.Mercier. 70 x 100 cm.

40. LA LOCA DE LA CASA *(Esp.1926)*
Joaquín García. 166 x 120 cm.

E LA CASA

o D. BENITO PÉREZ GALDÓS

ARTÍSTICA
ALONSO

PROTAGONISTA
CARMEN VIANCE

41. CARMIÑA FLOR DE GALICIA *(Esp.1926)*
  J.Estrems. 80 x 120 cm.

42. LUIS CANDELAS O EL BANDIDO DE MADRID *(Esp,1926)*
Joaquín García. 140 x 165 cm.

43. TRES HOMBRES MALOS
Three bad men (USA,1926)
Anónimo. 70 x 100 cm.

44. LA CONDESA MARIA *(Esp.1927)*
Joaquín García. 120 x 166 cm.

45. AGUSTINA DE ARAGON *(Esp.1928)*
Rafael de Penagos. 16 x 31 cm.

46. EL NEGRO QUE TENIA EL ALMA BLANCA *(Esp,1927)*
César F.Ardavín «Vinfer». 80 x 105 cm.

47. EL NEGRO QUE TENIA EL ALMA BLANCA *(Esp,1927)*
César F.Ardavín «Vinfer». 80 x 105 cm.

LA HERMANA SAN SULPICIO

SEGÚN LA OBRA DEL INSIGNE NOVELISTA
ARMANDO PALACIO VALDÉS
ADAPTADA Y DIRIGIDA POR FLORIÁN REY
FOTOGRAFIA J. M. BELTRAN
POR IMPERIO ARGENTINA Y RICARDO NUÑEZ

IMP. y LIT. ORTEGA-VALENCIA.

48. LA HERMANA SAN SULPICIO (*Esp.1927*)
Rafael de Penagos. 120 x 215 cm.

La
Hermana
San Sulpicio

Según la obra del insigne novelista
Armando Palacio Valdés
Adaptada y dirigida por Florián Rey
Fotografía J. M. Beltrán
Por Imperio Argentina y Ricardo Nuñez

IMP Y LIT. ORTEGA - VALENCIA

49. LA HERMANA SAN SULPICIO (*Esp.* 1927)
León Astruc. 120 x 235 cm.

50. RAMONA
Ramona (USA, 1928)
Anónimo. 70 x 100 cm.

51. LA MARIETA DE L`ULL VIU *(Esp.1928)*
Anónimo. 70 x 100 cm.

52. YA T'OYI *(Esp.1928)*
Germán Horacio. 65 x 90 cm.

53. CHARLOT TORERO ESPAÑOL *(Esp. 1928)*
F. Martínez. 97 x 140 cm.

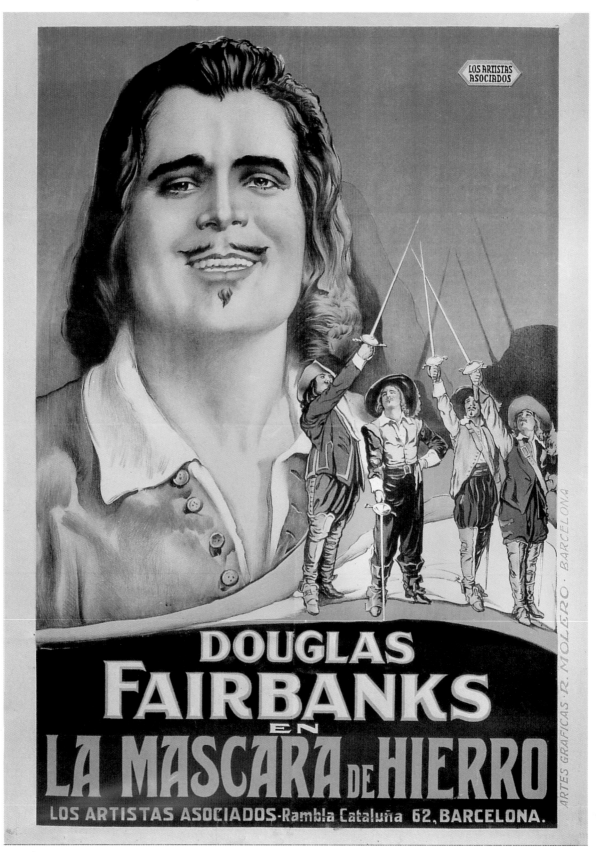

54. LA MASCARA DE HIERRO
The iron mask (USA,1929)
Anónimo. 70 x 100 cm.

55. EL DIABLO BLANCO
Der weisse teufel (Alem.1929)
Frank. 70 x 100 cm.

56. LA FIERECILLA DOMADA
The taming of the shrew (USA, 1929)
Anónimo. 70 x 100 cm.

57. MARRUECOS
Morocco (USA,1930)
Anónimo. 70 x 100 cm.

58. PETIT CAFE
Le petit café (USA,1930)
Martra. 70 x 100 cm.

59. EL PRESIDIO
El presidio (USA, 1930)
Anónimo. 70 x 100 cm.

60. SIN NOVEDAD EN EL FRENTE
All quiet on the Western Front (USA, 1930)
Anónimo. 70 x 100 cm.

61. SIN NOVEDAD EN EL FRENTE
  All quiet on the Western Front (USA, 1930)
  Morale Taylor. 70 x 100 cm.

62. COCTEL DE AMOR
Woopee (USA,1930)
Anónimo. 70 x 100 cm.

63. UNA AVENTURERA
Une belle garce (Fr.1930)
Solé. 70 x 100 cm.

64. AL ESTE DE BORNEO
East of Borneo (USA,1931)
Anónimo. 70 x 100 cm.

65. CAMINO DEL OESTE
Fighting caravans (USA,1931)
Estudio Llo-An. (años 40) 70 x 100 cm.

66. LUCES DE LA CIUDAD
City lights (USA, 1931)
Anónimo. 70 x 100 cm.

67. MERCADO DE MUJERES
Tanzerinnen für Sud-Amerika (Alem.1931)
Anónimo. 84 x 112 cm.

68. LA BRIGADA MOVIL DE SCOTLAND YARD
The flying squed (GB,1932)
Santaballa. 70 x 100 cm.

69. ADIOS A LAS ARMAS
A farewell to arms (USA, 1932)
Anónimo. 70 x 100 cm.

70. COQUETA
Coquette (USA,1929)
Anónimo. 70 x 100 cm.

71. EL SABOR DE LA GLORIA *(Esp.1932)*
Roberto Domingo. 86 x 105 cm.

72. CRIMEN SECRETO *(USA, ?)*
Anónimo. 70 x 100 cm.

73. IDILIO EN EL CAIRO
Idille au Caire (Fr.1933)
Tulla. 70 x 100 cm.

74. GENTE VIVA
Blonde crazy (USA, 1932)
Anónimo. 70 x 100 cm

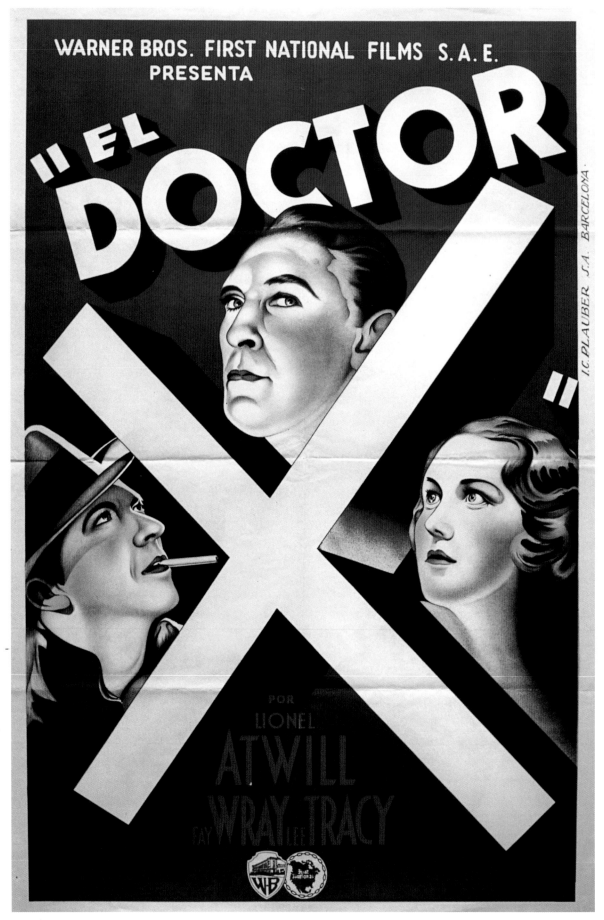

75. EL DOCTOR X
Doctor X (USA,1932)
Anónimo. 70 x 100 cm.

76. I.F.1. NO CONTESTA
I.F.1. ne répond plus (Fr.1932)
Tulla. 116 x 84 cm.

77. RASPUTIN
Rasputin (Alem. 1932 ?)
Joaquín García. 100 x 141 cm.

78. CASANOVA
Casanova (Fr.1933)
Anónimo. 71 x 102 cm.

80. SOY UN VAGABUNDO
Hallelujah, I'm a bun (USA,1933)
Anónimo. 70 x 100 cm.

79. SUSANA TIENE UN SECRETO *(Esp.1933)*
Anónimo. 70 x 100 cm.

81. LA HUELLA QUE ACUSA
(Alem.?)
Anónimo (años 30). 70 x 100 cm.

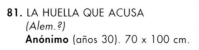

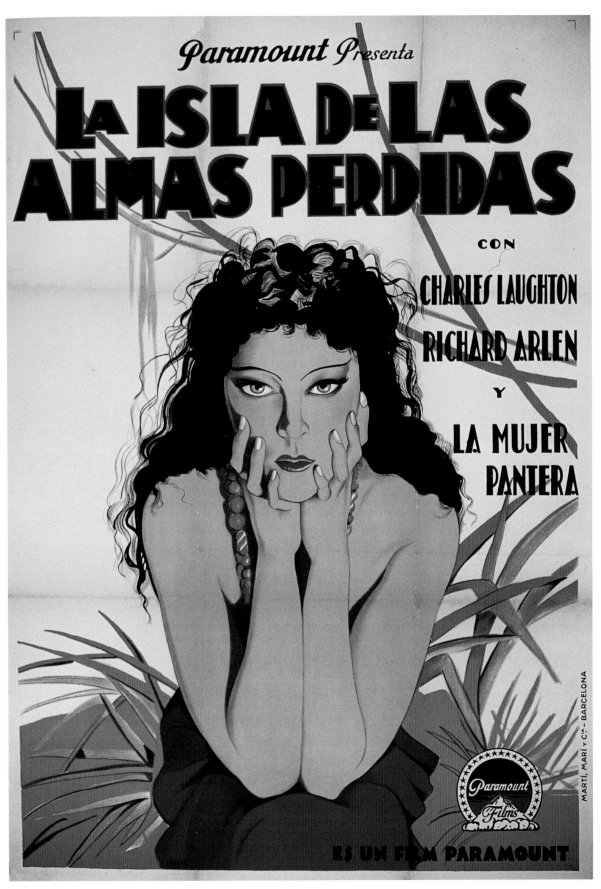

82. LA ISLA DE LAS ALMAS PERDIDAS
Island of the lost souls (USA,1933)
Anónimo. 70 x 100 cm.

83. EL RELICARIO *(Esp. 1933)*
(?). 70 x 100 cm.

LIT. S. DURA-VALENCIA

84. LA DOLOROSA *(Esp.1934)*
     S.Carrilero Abad. 70 x 100 cm.

85. LA HERMANA SAN SULPICIO *(Esp.1934)*
Josep Renau. 22 x 34 cm.

86. LA HERMANA SAN SULPICIO *(Esp.1934)*
J.Peris Aragó. 22 x 33 cm.

87. LA HERMANA SAN SULPICIO *(Esp.1934)*
Josep Renau. 70 x 100 cm.

88. DOCE HOMBRES Y UNA MUJER *(Esp.1934)*
   Anónimo. 70 x 100 cm.

89. DOCE HOMBRES Y UNA MUJER *(Esp.1934)*
Anónimo. 70 x 100 cm.

90. CLEOPATRA
Cleopatra (USA, 1934)
Albericio. (años 40) 70 x 100 cm.

91. BUSCO UN MILLONARIO
The girl from Missouri (USA, 1934)
Josep Morell. 70 x 100 cm.

92. BOLERO
Bolero (USA, 1934)
Anónimo. 70 x 100 cm.

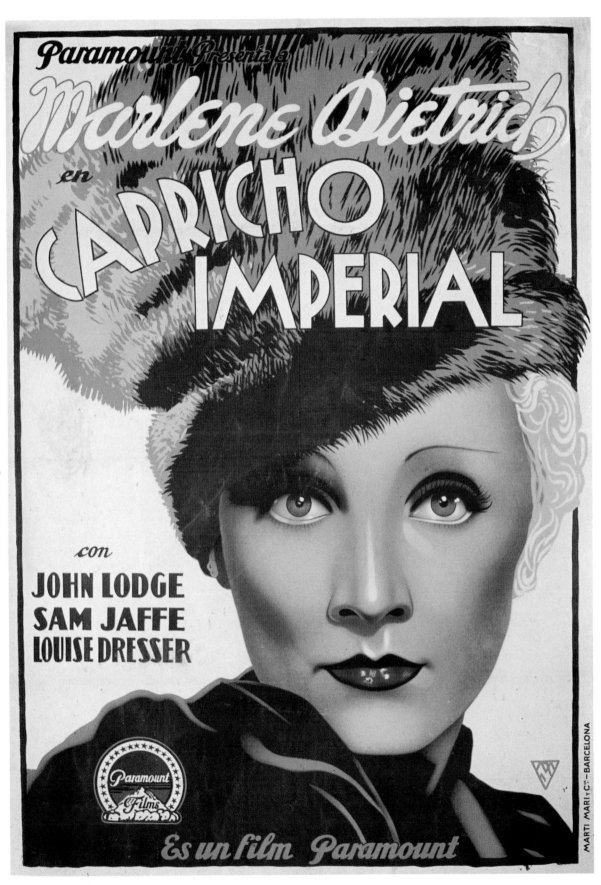

93. CAPRICHO IMPERIAL
The Scarlet Empress (USA, 1934)
Anónimo. 70 x 100 cm.

94. LA VERBENA DE LA PALOMA *(Esp.1934)*
Josep Renau. 70 x 100 cm.

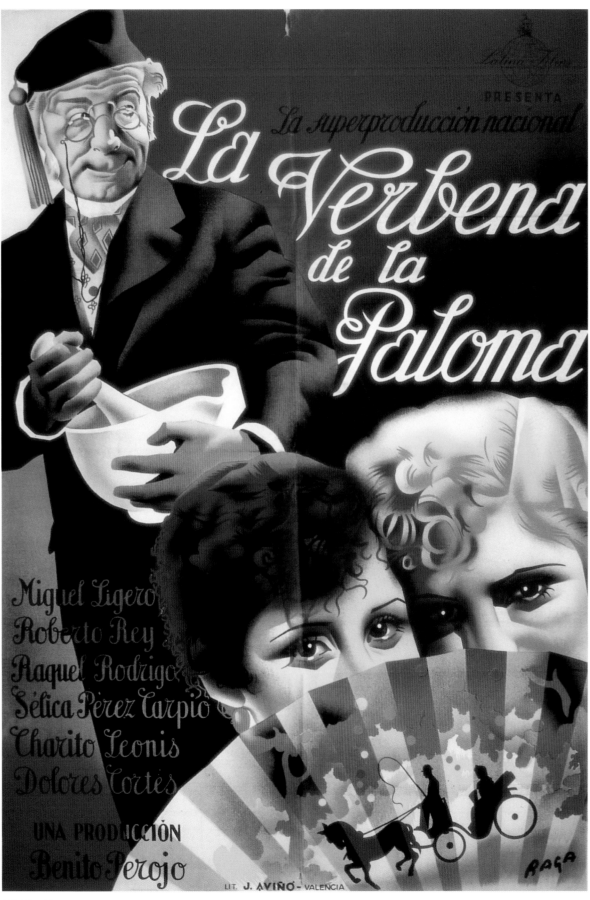

95. LA VERBENA DE LA PALOMA *(Esp.1935)*
Rafael Raga. 70 x 100 cm.

96. LA VIUDA ALEGRE
The merry widow (USA, 1934)
Ekiss. 70 x 100 cm.

97. LA SOMBRA DEL HAMPA
Exclusive story (USA,1934)
Anónimo. 112 x 160 cm.

98. AMOR DE GAUCHO
Under the Pampas Moon (USA, 1935)
Josep Soligó. 70 x 100 cm.

99. LAS NUEVAS AVENTURAS DE TARZAN
The new adventures of Tarzan USA, 1935)
Edi. 70 x 100 cm.

100. EL MALVADO CARABEL *(Esp. 1935)*
   Alonso. 165 x 120 cm.

101. FLOR DE ARRABAL
Riffraff (USA,1935)
Anónimo. 70 x 100 cm.

102 LA HIJA DEL PENAL *(Esp.1934)*
Rafael Raga. 22,5 x 33 cm.

104. CURRITO DE LA CRUZ *(Esp.1935)*
Josep Renau. 20 x 34 cm.

103. EL 113 *(Esp.1935)*
Josep Renau. 23 x 34 cm.

105. CURRITO DE LA CRUZ *(Esp.1935)*
Josep Renau. 70 x 100 cm.

106. EL GATO MONTES *(Esp. 1935)*
Frexe i Lacalle. 70 x 100 cm.

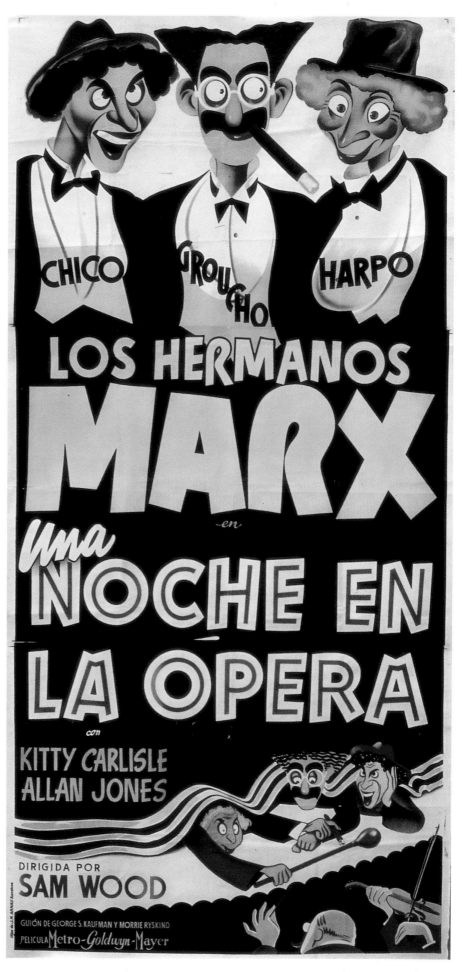

107. UNA NOCHE EN LA OPERA
A night at the Opera (USA, 1935)
Anónimo. 100 x 200 cm.

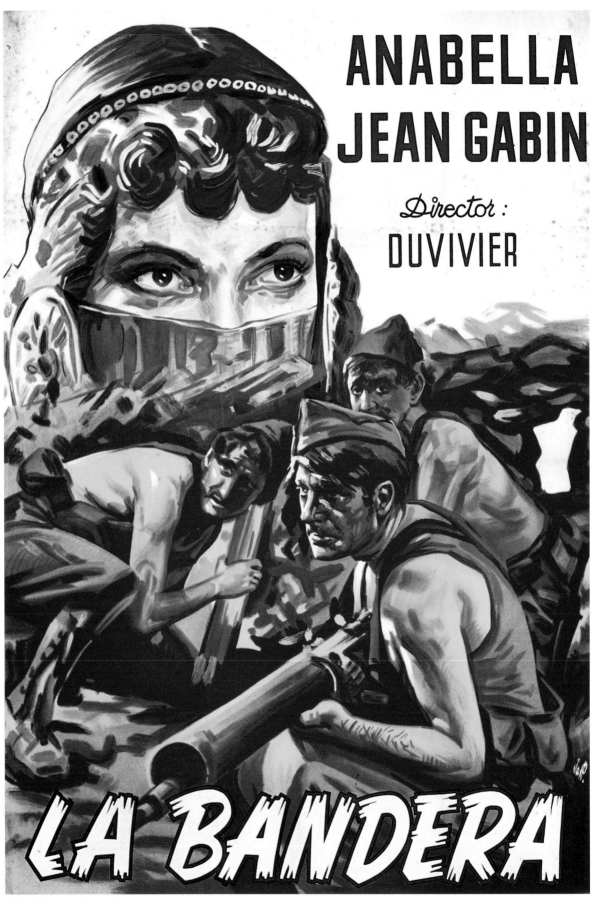

ANABELLA
JEAN GABIN

Director :
DUVIVIER

LA BANDERA

108. LA BANDERA
La Bandera (Fr.1935)
F.Fernández «Jano» (años 40). 70 x 100 cm.

109. EL IMPERIO FANTASMA
The phantom empire (USA,1935)
Emilio Chapí. 70 x 100 cm.

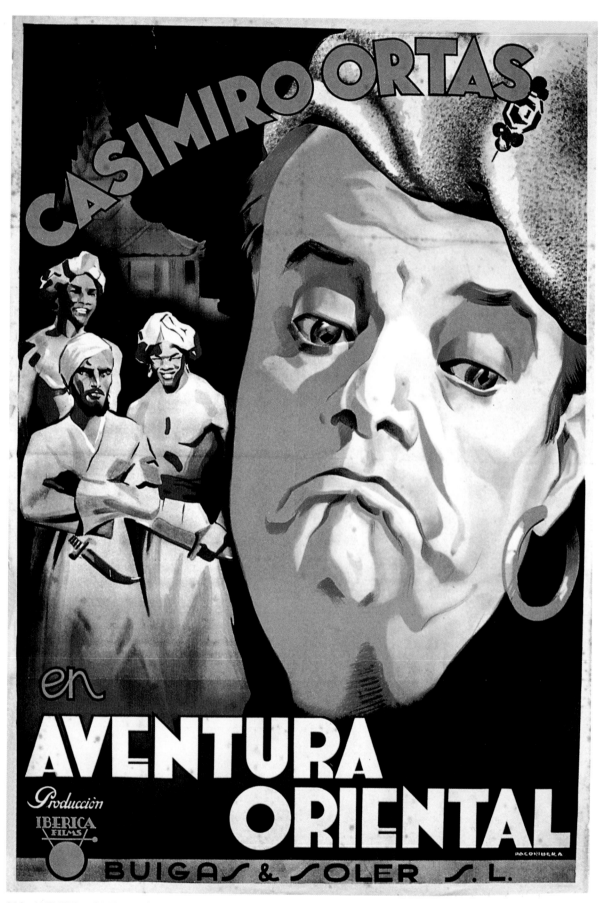

110. AVENTURA ORIENTAL *(Esp. 1935)*
Paco Ribera. 70 x 100 cm.

111. RUMBO AL CAIRO *(Esp.1936)*
Josep Renau. 24 x 34 cm.

112. MADRE ALEGRIA (Esp. 1935)
Josep Renau. 100 x 140 cm.

113. PRISIONERO DEL ODIO
The prisoner of Shark Island (USA,1936)
Josep Soligó. 70 x 100 cm.

114. ¡CENTINELA ALERTA! *(Esp.1935-6)*
Emilio Chapí. 70 x 100 cm.

115. BAJO DOS BANDERAS
Under two flags (USA,1936)
Estudio Arts. 70 x 100 cm.

116. SOMBRERO DE COPA
Top hat (USA, 1935)
Anónimo*. 70 x 100 cm.

* Es muy probable que este cartel sea obra de **Renau.** Tanto los caracteres como el hecho que fuese impreso por **Gráficas Valencia** —empresa con la que colaboraba en esos años—, así lo denotan.

117. LA NAVE DEL TERROR
Dante's inferno (USA,1915)
Josep Morell. 70 x 100 cm.

118. SIGAMOS LA FLOTA
Follow the fleet (USA, 1936)
Anónimo. 70 x 100 cm.

119. LA POBRE NIÑA RICA
Poor little rich girl (USA, 1936)
Josep Soligó. 70 x 100 cm.

120. AL SERVICIO DE LAS DAMAS
My man godfrey (USA,1936)
Anónimo. 70 x 100 cm.

121. OJOS QUE MATAN
The garden murder (USA, 1936)
Martí Bas. 110 x 160 cm.

122. LA HIJA DE DRACULA
The Dracula's daughter (USA,1936)
Anónimo. 70 x 100 cm.

123. BUFFALO BILL
   The plainsman. (USA, 1936)
   Moscardó. 70 x 100 cm.

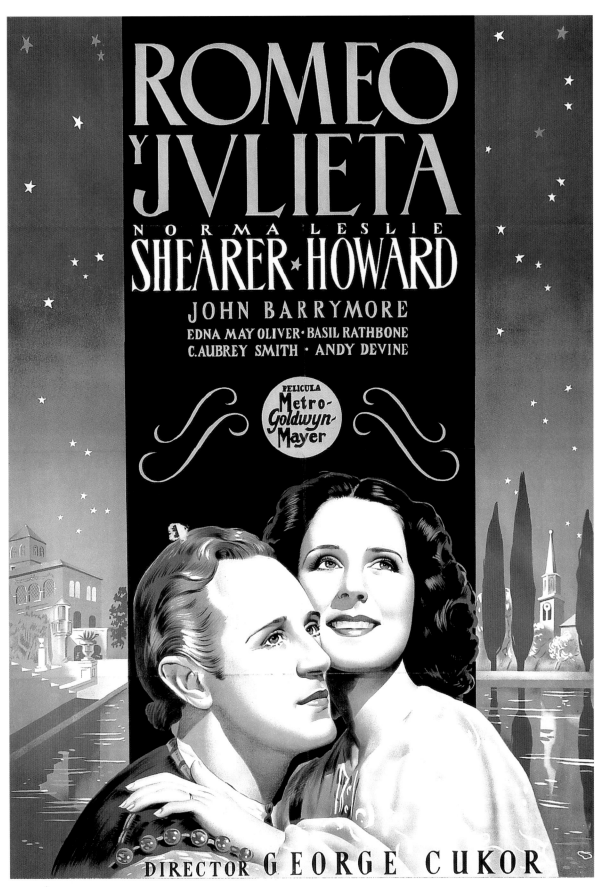

124. ROMEO Y JULIETA
Romeo and Juliet (USA,1936)
Anónimo. 70 x 100 cm.

125. DOS PARES DE MELLIZOS
Our relations (USA,1936)
Anónimo. 70 x 100 cm.

126. CADETES DEL MAR
Navy blue and gold (USA,1937)
Anónimo. 70 x 100 cm.

127. ASI ES MI TIERRA
Así es mi tierra (Méx.1937)
F.Fernández «Jano» (años 50). 70 x 100 cm.

128. ALARMA EN LA CIUDAD
Night key (USA,1937)
Beut (años 40). 70 x 100 cm.

129. LOS MARINOS DE CRONSTADT
Mi iz Kronstadta (URSS, 1936)
Josep Renau. 70 x 100 cm.

130. LAUREL Y HARDY EN EL OESTE
Way out west (USA,1937)
Anónimo. 70 x 100 cm.

131. LA GRAN ILUSION
La grande illusion (Fr.1937)
Lopez Reiz (1950). 70 x 100 cm.

132. RITMO LOCO
Shall we dance? (USA, 1937)
Roberto. 70 x 100 cm.

133. NUESTRO CULPABLE *(Esp.1937)*
Girón. 70 x 100 cm.

134. EL SEPTIMO CIELO
Seventh heaven (USA, 1937)
Josep Soligó. 70 x 100 cm.

135. MARGARITA GAUTIER
Camille (USA, 1937)
Larraya. 70 x 100 cm.

137. ARDID FEMENINO
Vivacious lady (USA,1938)
Anónimo. 70 x 100 cm.

136. LA REINA DE NUEVA YORK
Nothing sacred (USA,1937)
Botella Pons. 70 x 100 cm.

138. MADRESELVA
Madreselva (Arg,1938)
Emilio Chapí. 70 x 100 cm.

139. CHICAGO
In old Chicago (USA, 1938)
Josep Soligó. 70 x 100 cm.

140. QUESOS Y BESOS
Swiss miss (USA, 1938)
Anónimo. 70 x 100 cm.

141. LA FIERA DE MI NIÑA
Bringing up baby (USA, 1938)
Anónimo. 70 x 100 cm.

142. EL ESPIA NEGRO
The spy in black (GB,1938)
Emilio Chapí. 70 x 100 cm.

143. ALARMA EN EL EXPRESO
The lady vanishes (GB,1938)
Anónimo. 70 x 100 cm.

144. ROBIN DE LOS BOSQUES
The adventures of Robin Hood (USA,1938)
Anónimo. 70 x 100 cm.

145. BEAU GESTE
Beau Geste (USA,1939)
Lopez Reiz (1946). 70 x 100 cm.

146. EL HOTEL DE LOS LIOS
Romm service (USA,1938)
Anónimo. 70 x 100 cm.

147. FORJA DE HOMBRES
Boys town (USA,1938)
Anónimo. 70 x 100 cm.

148. EL EXPLORADOR PERDIDO
Stanley and Livingstone (USA,1939)
Josep Soligó. 70 x 100 cm.

149. LO QUE EL VIENTO SE LLEVO
Gone with the wind (USA,1939)
Anónimo. 70 x 100 cm.

150. LAS CUATRO PLUMAS
The four feathers (GB,1939)
Emilio Chapi. 70 x 100 cm.

151. GUNGA DIN
Gunga Din (USA, 1939)
José María. 70 x 100 cm.

152. LA JUNGLA EN ARMAS
The real glory (USA,1939)
Rafael de Penagos. 70 x 100 cm.

153. LA DILIGENCIA
Stagecoach (USA,1939)
Botella Pons. 70 x 100 cm.

154. CUMBRES BORRASCOSAS
Wuthering heights (USA, 1939)
Lopez Reiz (1944). 70 x 100 cm.

155. EL MAGO DE OZ
The wizard of Oz (USA,1939)
Anónimo. 70 x 100 cm

156. LA SOMBRA DE FRANKENSTEIN
Son of Frankenstein (USA,1939)
Anónimo. 70 x 100 cm.

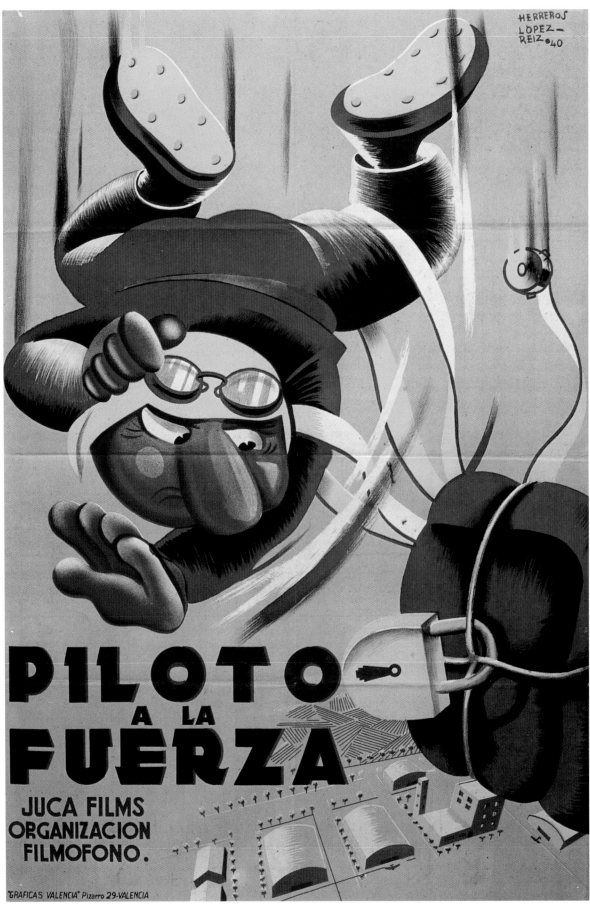

157. PILOTO A LA FUERZA
Narcisse (Fr.1939)
Enrique Herreros-Lopez Reiz. 70 x 100 cm.

158. LUCHA DE GUERRILLAS
(USA,?)
Emilio Chapí. 70 x 100 cm.

159. EL OJO QUE NUNCA DUERME
   Emilio Chapí. 70 x 100 cm.

160. VAQUERO VINDICADO
? *(USA)*
Anónimo. 70 x 100 cm.

161. TARZAN EL ASTUTO
(?) (USA)
Emilio Chapí. 70 x 100 cm.

162. LOS TAMBORES DE FU-MANCHU
Drums of Fu-Manchy (USA, 1940)
Anónimo. 70 x 100 cm.

163. DE ISLA EN ISLA
Seven sinners (USA, 1940)
Anónimo. 70 x 100 cm.

164. EL FAMOSO CARBALLEIRA *(Esp.1940)*
Emilio Chapí. 70 x 100 cm.

165. EL TESORO DE TARZAN
Tarzan's secret treasure (USA, 1940)
Anónimo. 70 x 100 cm.

166. CAMARADA X
Comrade X (USA, 1940)
Anónimo. 70 x 100 cm.

167. EL HOMBRE INVISIBLE VUELVE
The invisible man returns (USA, 1940)
Anónimo. 70 x 100 cm.

168. HACE UN MILLON DE AÑOS
One million years B.C. (USA,1940)
J.Peris Aragó. 70 x 100 cm.

169. KIT CARSON
Kit Carson (USA, 1940)
Emilio Chapí. 70 x 100 cm.

170. EL SIGNO DEL ZORRO
The Mark of zorro (USA,1940)
Josep Soligó. 70 x100 cm.

171. AHI ESTA EL DETALLE
Ahí está el detalle (Méx. 1940)
Josep Soligó. 70 x 100 cm.

172. YO SOY MI RIVAL *(Esp.1940)*
Emilio Chapí. 70 x 100 cm.

173. LA GITANILLA *(Esp.1940)*
Emilio Chapí. 70 x 100 cm.

174. LAS LENTES DE LA MUERTE
The adventures of Captain Marvel (USA,1941)
«Jano»-Padilla. 70 x 100 cm.

175. ENVIADO ESPECIAL
Foreing correspondent (USA,1940)
Anónimo. 70 x 100 cm.

176. EL FORASTERO
The Westerner (USA,1940)
Anónimo. 70 x 100 cm.

TOM TYLER · FRANCK COGHLAN JR.
WILLAM BENEDICT · LOUISE CURRIE

177. EL ESCORPION DE ORO
Adventures of Captain Marvel (USA, 1941)
«Jano»-Padilla. 70 x 100 cm.

178. RAZA *(Esp.1941)*
Lopez Reiz. 70 x 100 cm.

179. ¡HARKA! *(Esp. 1941)*
Emilio Chapí. 70 x 100 cm.

180. EL TREN FANTASMA
The ghost train (GB,1941)
Rafael de Penagos. 70 x 100 cm.

181. MURIERON CON LAS BOTAS PUESTAS
They died with their boots on (USA,1941)
Estudio MCP. 70 x 100 cm.

182. RUTA DE MARRUECOS
Road to Morocco (USA,1942)
Lopez Reiz. 70 x 100 cm.

183. LA MUJER PANTERA
Cat people (USA,1942)
Emilio Chapí. 70 x 100 cm.

184. EL CUERVO
The raven (USA,1942)
Lopez Reiz (1948). 70 x 100 cm.

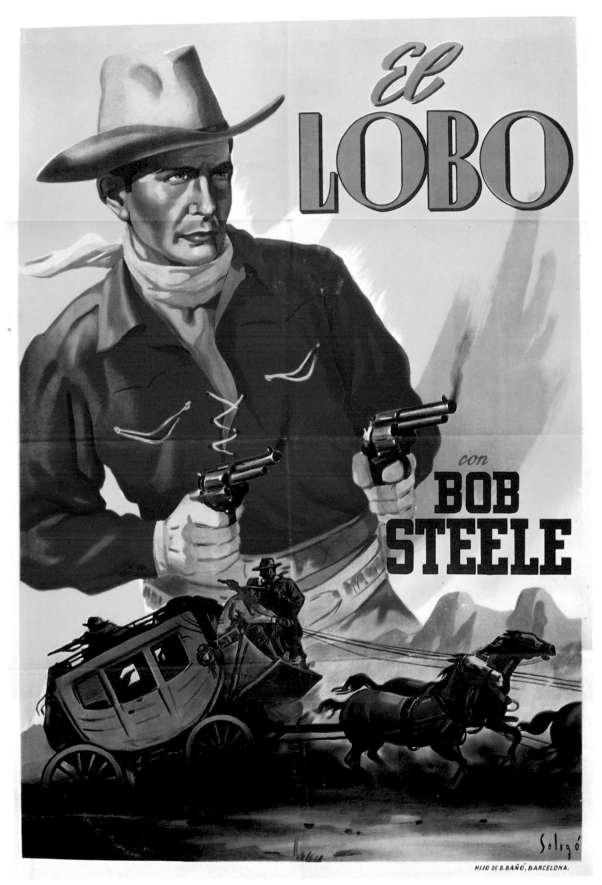

185. EL LOBO
(USA, ?)
Josep Soligó. 70 x 100 cm.

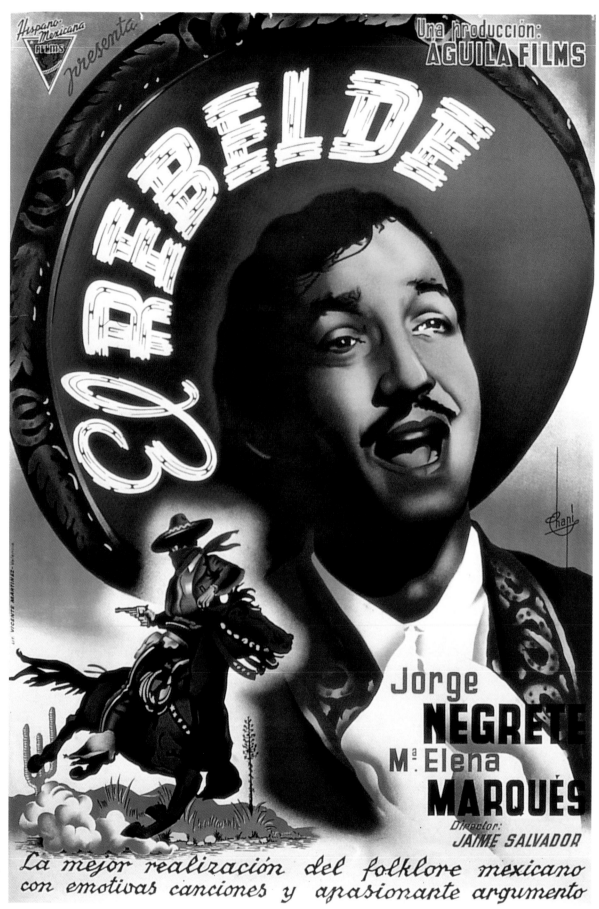

186. EL REBELDE
El rebelde (Mex.?)
Emilio Chapi. 70 x 100 cm.

187. DIEGO BANDERAS
Tierra de pasiones (Méx.1942)
Emilio Chapí. 70 x 100 cm.

188. EL LIBRO DE LA SELVA
The jungle book (USA,1942)
Anónimo. 70 x 100 cm.

189. BAMBI
Bambi (USA,1942)
Estudio Llo-An. 70 x 100 cm.

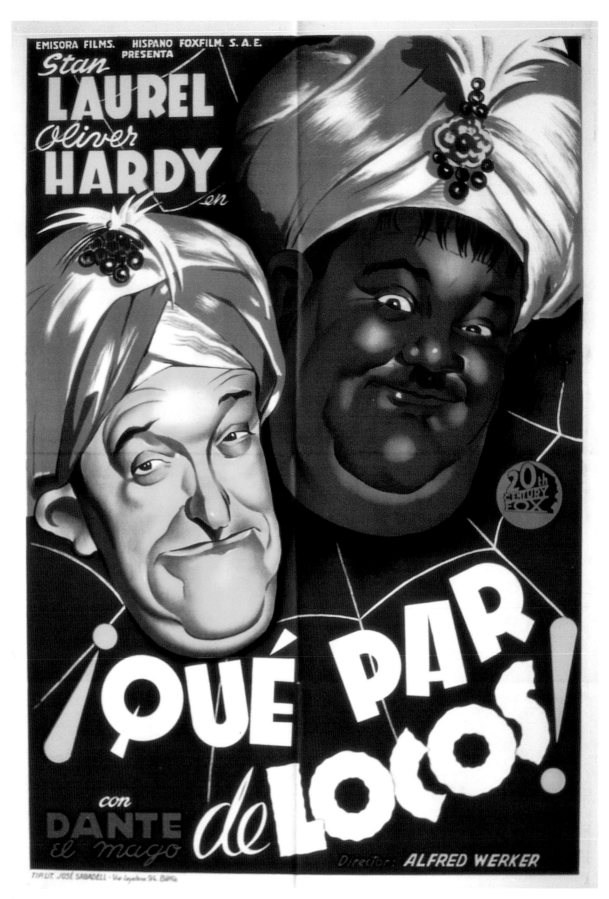

190. !QUE PAR DE LOCOS¡
A haunting we will go (USA, 1942)
Josep Soligó. 70 x 100 cm.

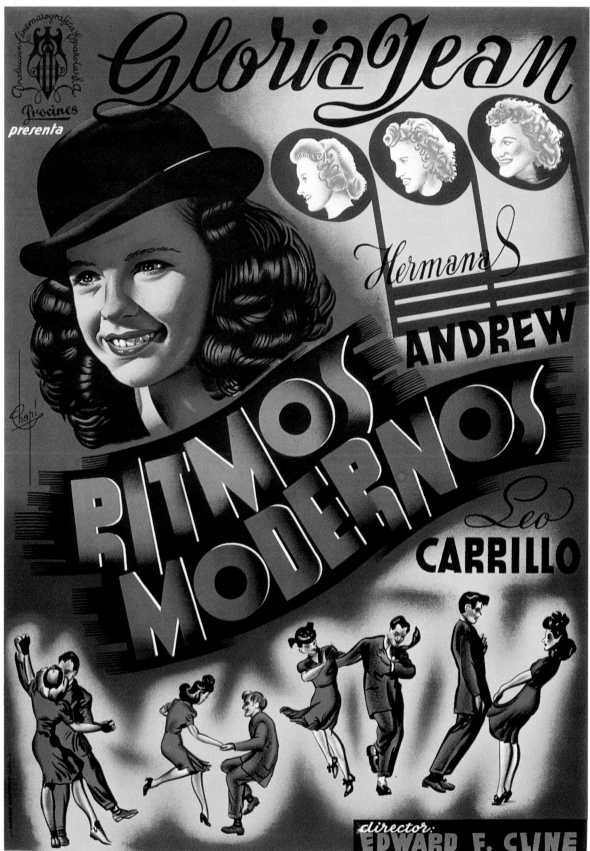

191. RITMOS MODERNOS
What's cookin? (USA, 1942)
Emilio Chapí. 70 x 100 cm.

192. HUELLAS DE TERROR
(USA,?)
Fafael Raga «Ramón». 70 x 100 cm.

193. EL CHARLATAN
Chatterbox (USA, 1943)
Emilio Chapí. 70 x 100 cm.

194. EL FANTASMA DE LA OPERA
The fhantom of the Opera (USA, 1943)
Estudio MCP. 70 x 100 cm.

195. DESAFIANDO A LA MUERTE
S.H. Faces death (USA, 1943)
Rafael Raga «Ramón». 70 x 100 cm.

196. SANGRE Y POLVORA EN ARIZONA
Down Texas way (USA,1942)
Estudio Llo-An. 70 x 100 cm.

197. EL TERROR DE OKLAHOMA
Dawn of the great divide (USA,1942)
Concheso. 70 x 100 cm.

198. LAS HAZAÑAS DE JAIMITO
Arte Estudio. 70 x 33 cm.

199. HISTORIA DE UN GRAN AMOR
Historia de una gran amor (Mex.1942)
Emilio Chapí. 70 x 100 cm.

200. UNA MUJER INTERNACIONAL
International lady (USA,1941)
Josep Soligó. 70 x 100 cm.

201. EL ESCRITOR Y LA COCINERA
My kingdom for a cook (GB,1943)
Anónimo. 70 X 100 cm.

202. INFIERNO EN LA TIERRA
China girl (USA, 1942)
Josep Soligó. 70 x 100 cm.

203. LAS MIL Y UNA NOCHES
Arabian nights (USA,1942)
Anónimo. 70 x 100 cm.

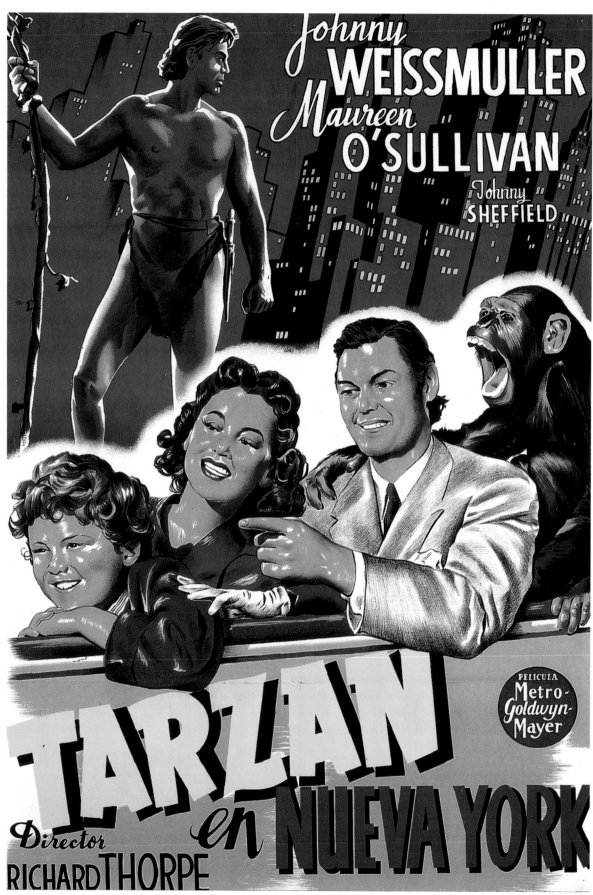

204. TARZAN EN NUEVA YORK
Tarzan's New York adventure (USA,1942)
Anónimo. 70 x 100 cm.

205. MALVALOCA *(Esp.1942)*
   J.Peris Aragó. 70 x 100 cm.

206. AGARRAME ESE FANTASMA
Hold that ghost (USA, 1942)
Rafael Raga «Ramón». 70 x 100 cm.

207. LA SOMBRA DE UNA DUDA
   The shadow of a doubt (USA, 1943)
   Anónimo. 70 x 100 cm.

208. CASABLANCA
Casablanca (USA,1943)
Estudio MCP. 70 x 100 cm.

209. FLOR SILVESTRE
Flor silvestre (Méx.1943)
Emilio Chapí. 70 x 100 cm.

210. EN EL VIEJO OKLAHOMA
In old Oklahoma (USA,1943)
Rafael Raga «Ramón». 70 x 100 cm.

211. GRAN HOTEL
Gran Hotel (Méx.1944)
Emilio Chapí. 70 x 100 cm.

212. LA VENGANZA DEL HOMBRE INVISIBLE
The invisible man's revenge (USA,1944)
Anónimo. 70 x 100 cm.

213. CONTRAESPIONAJE
Hotel reserve (GB,1944)
Emilio Chapí. 70 x 100 cm.

214. DESDE QUE TE FUISTE
Since you went away (USA,1944)
Emilio Chapí. 70 x 100 cm.

215. ALI BABA Y LOS CUARENTA LADRONES
Ali Baba and the forty thieves (USA, 1944)
Anónimo. 70 x 100 cm.

216. LA GARRA ESCARLATA
The scarlet claw (USA, 1944)
Anónimo. 70 x 100 cm.

217. LAS LLAVES DEL REINO
The keys of the kingdom (USA,1944)
Josep Soligó. 70 x 100 cm.

218. LA BELLA DEL YUKON
Belle of the Yukon (USA, 1944)
Emilio Chapí. 70 x 100 cm.

219. LA CANCION DE NEVADA
Song of Nevada (USA, 1944)
Rafael Raga «Ramón». 70 x 100 cm.

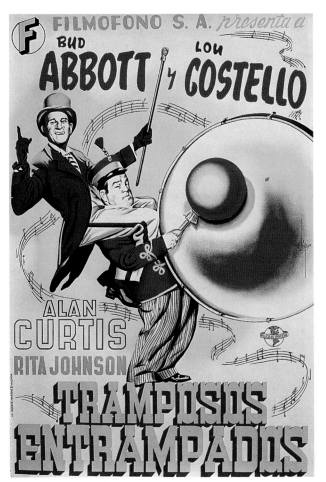

220. TRAMPOSOS ENTRAMPADOS
The naugthy nineties (USA,1945)
Emilio Chapí. 70 x 100 cm.

221. LEVANDO ANCLAS
Anchors Aweigh (USA,1945)
Anónimo. 70 x 100 cm.

322. EL HOMBRE FENOMENO
Wonder man (USA,1945)
Emilio Chapí. 70 x 100 cm.

223. SEMILLA DE ODIO
Quest in the house (USA,1944)
Emilio Chapí. 70 x 100 cm.

224. EL DESTINO SE DISCULPA *(Esp.1945)*
Anónimo. 70 x 100 cm.

225. RECUERDA
Spellbound (USA,1945)
Anónimo. 70 x 100 cm.

226. LA EXOTICA
Saratoga trunk (USA, 1945)
Rafael Raga «Ramón». 70 x 100 cm.

227. EL CABALLERO DEL OESTE
Along came Jones (USA,1945)
Emilio Chapí. 70 x 100 cm.

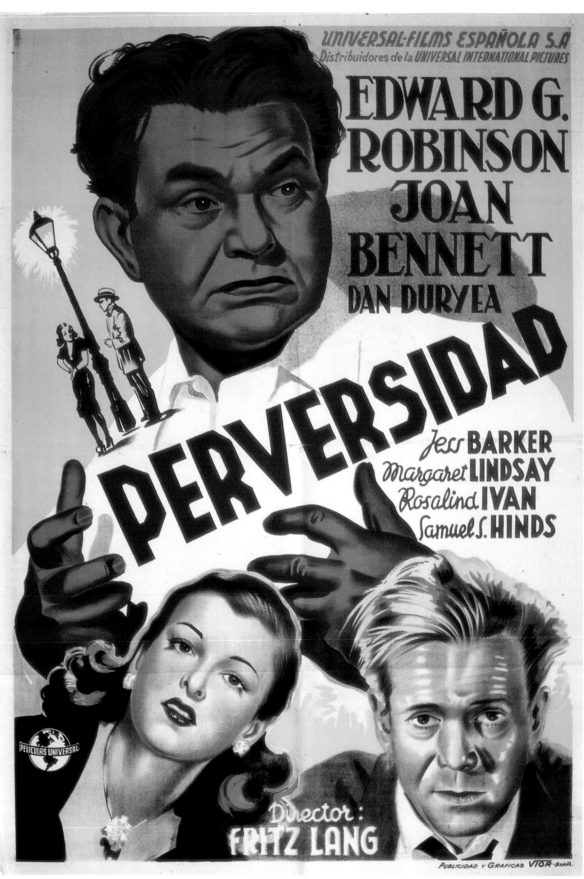

228. PERVERSIDAD
Scarlet street (USA, 1945)
Anónimo. 70 x 100 cm.

229. EL FILO DE LA NAVAJA
The razor's edge (USA, 1946)
Norman Rockwell. 70 x 100 cm.

230. PASION DE LOS FUERTES
My darling Clementine (USA, 1946)
Josep Soligó. 70 x 100 cm.

COLUMBIA FILMS *presenta a*
RITA HAYWORTH
en
Gilda
con
GLENN FORD

GEORGE MACREADY

JOSEPH CALLEIA

Director
CHARLES VIDOR

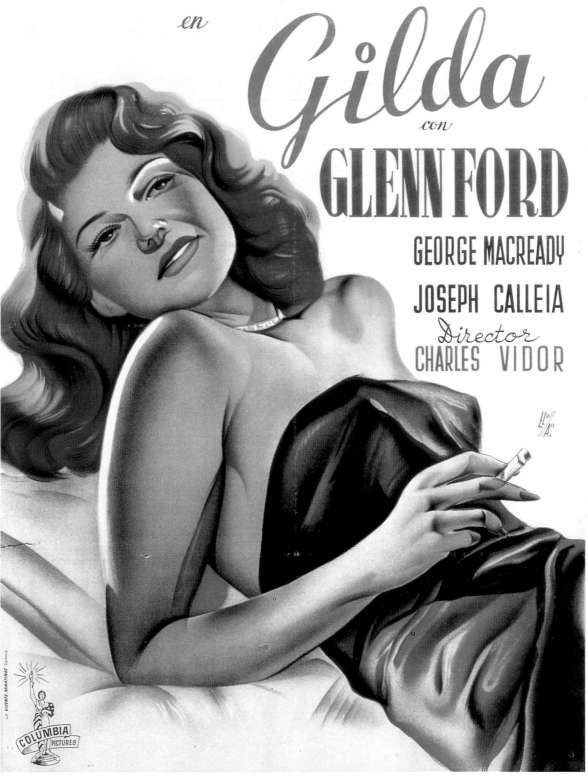

231. GILDA
Gilda (USA, 1946)
Estudio Llo-An. 70 x 100 cm.

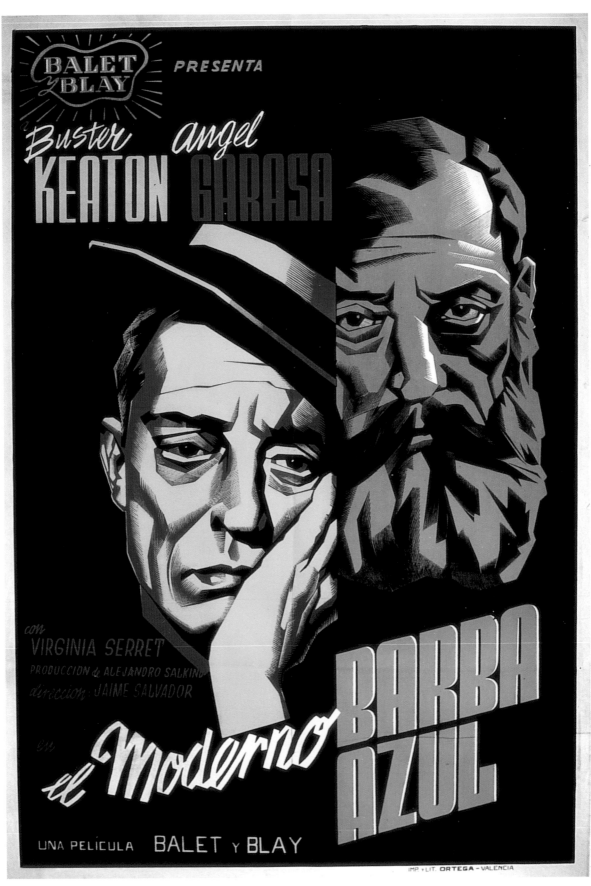

232. EL MODERNO BARBA AZUL
El moderno barba azul (Méx.1946)
Josep Renau. 70 x 100 cm.

233. COPACABANA
Copacabana (USA,1947)
Mora. 70 x 100 cm.

234. LOCURA DE AMOR *(Esp.1948)*
J.Peris Aragó. 70 x 100 cm.

235. HECHIZO
Enchantment (USA,1948)
Estudio MCP. 70 x 100 cm.

236. EL RELOJ ASESINO
The big clock (USA,1948)
Lopez Reiz. 70 x 100 cm.

237. CALCUTA
Calcutta (USA, 1947)
Josep Soligó. 70 x 100 cm.

238. LA CONQUISTA DE UN REINO
The exile (USA,1947)
Jose María. 70 x 100 cm.

239. ENCADENADOS
Notorious (USA,1946)
Estudio Llo-An. 70 x 100 cm.

240. DUELO AL SOL
Duel in the sun (USA,1947)
F.Fernández «Jano». 70 x 100 cm.

241. MURO DE TINIEBLAS
Night wall (USA,1947)
Anónimo. 70 x 100 cm.

242. EL DIABLO Y YO
Angel on my shoulder (USA,1946)
Emilio Chapí. 70 x 100 cm.

243. FANTOMAS
Fantomas (Fr.1947)
Anónimo. 70 x 100 cm.

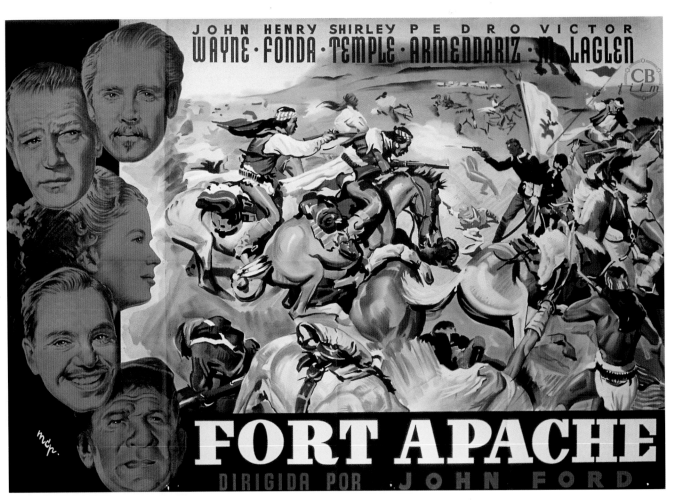

244. FORT APACHE
Fort Apache (USA, 1948)
Estudio MCP. 70 x 100 cm.

245. CAYO LARGO
Key Largo (USA, 1948)
Estudio MCP. 70 X 100 cm.

246. EL TESORO DE SIERRA MADRE
The Treasure of the Sierra Madre (USA, 1948)
Anónimo. 70 x 100 cm.

247. LOS TRES MOSQUETEROS
The three muskeeters (USA, 1948)
Anónimo. 70 x 100 cm.

248. LA HEREDERA
The heiress (USA, 1949)
Lopez Reiz. 70 x 100 cm.

249. SOBORNO
(The Bribe (USA, 1949)
Anónimo. 70 x 100 cm.

250. FABIOLA
Fabiola (Fr.1949)
Rafael Raga «Ramón». 70 x 100 cm.

251. AMOR EN CONSERVA
Love happy (USA,1949)
F.Fernández «Jano». 70 x 100 cm.

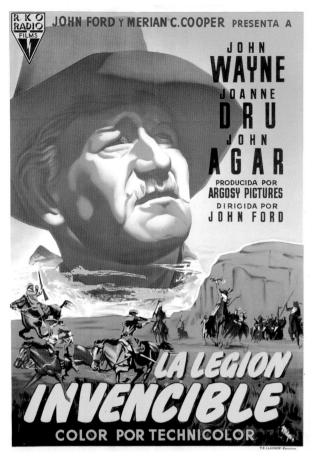

252. LA LEGION INVENCIBLE
She wore a yellow ribbon (USA,1949)
Estudio MCP. 70 X 100 cm.

253. AL ROJO VIVO
White heat (USA,1949)
Estudio MCP. 70 x 100 cm.

254. CIUDAD EN SOMBRAS
Dark City (USA,1950)
Juanino. 70 x 100 cm.

255. RIO GRANDE
Río Grande (USA,1950)
Rafael Raga. 70 x 100 cm.

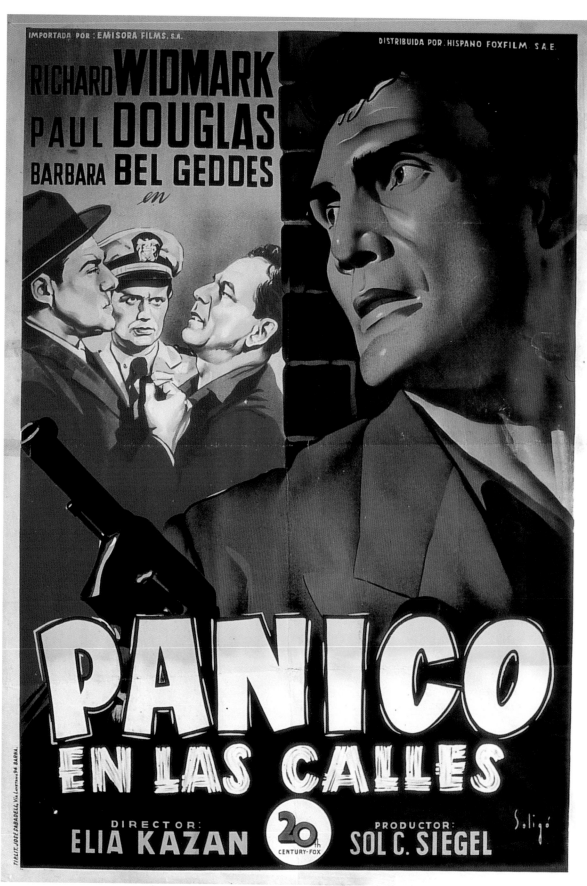

256. PANICO EN LAS CALLES
Panic in the streets (USA, 1950)
Josep Soligó. 70 x 100 cm.

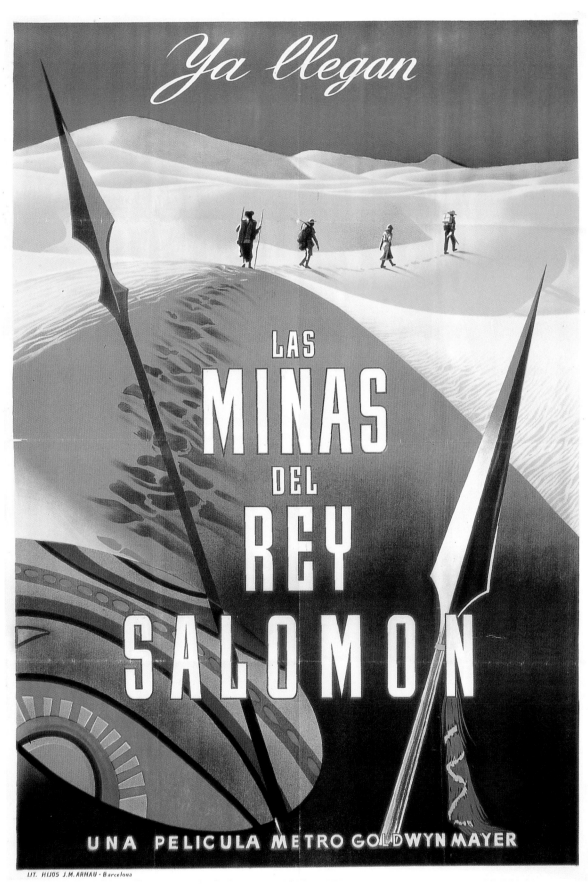

LIT. HIJOS J.M. ARNAU - Barcelona

257. LAS MINAS DEL REY SALOMON
King Salomon's mines (USA, 1950)
Anónimo. 70 x 100 cm.

258. LA CENICIENTA
Cinderella (USA,1950)
Estudio Llo-An. 70 x 100 cm.

259. EL HALCON Y LA FLECHA
The flame and the arrow (USA, 1950)
Estudio MCP. 70 x 100 cm.

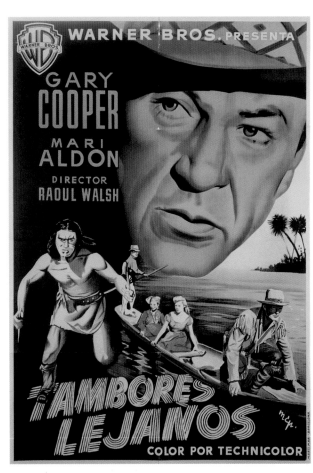

260. TAMBORES LEJANOS
Distant drums (USA, 1951)
Estudio MCP. 70 x 100 cm.

261. DALLAS, CIUDAD FRONTERIZA
Dallas (USA, 1950)
Estudio MCP. 70 x 200 cm.

262. BIENVENIDO MR. MARSHALL *(Esp.1951)*
F.Fernández «Jano». 70 x 100 cm.

263. ENCUBRIDORA
Rancho notorious (USA, 1951)
Estudio Llo-An. 70 x 100 cm.

264. SURCOS *(Esp.1951)*
   F.Fernández «Jano». 70 x 100 cm.

265. LA SEÑORA DE FATIMA *(Esp.1951)*
Napoleón Campos. 70 x100 cm.

266. QUO VADIS
Quo Vadis? (USA,1951)
Anónimo. 70 x 100 cm.

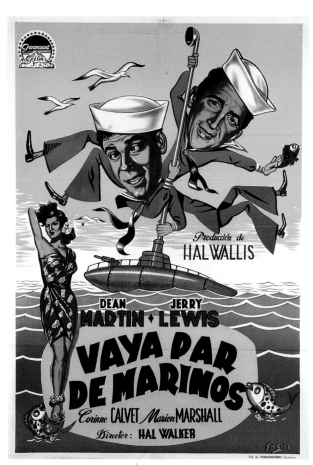

267. VAYA PAR DE MARIÑOS
Sailor beware (USA,1951)
Grau Solís. 70 x 100 cm.

268. LUCHAS SUBMARINAS
The frogmen (USA,1951)
Josep Soligó. 70 x 100 cm.

269. IVANHOE
Ivanhoe (USA, 1952)
Anónimo. 70 x 100 cm.

270. EL MAYOR ESPECTACULO DEL MUNDO
The greatest show on earth (USA, 1952)
Grau Solís. 70 x 100 cm.

271. LOS SOBORNADOS
The big heat (USA, 1953)
Estudio MCP. 70 x 100 cm.

272. ANDROCLES Y EL LEON
Androcles and the lion (USA,1952)
Estudio Llo-An. 70 x 100 cm.

273. OTELO
Othello (USA,1952)
Anónimo. 112 x 164 cm.

274. EL MUNDO EN SUS MANOS
The world in his arms (USA,1952)
Fernando Piñana. 70 x 100 cm.

275. EL PRISIONERO DE ZENDA
The prisoner of Zenda (USA,1952)
Anónimo. 70 x 100 cm.

213. LOS CRIMENES DEL MUSEO DE CERA
House of wax (USA,1953)
Estudio MCP. 70 x 100 cm.

276. LA GUERRA DE LOS MUNDOS
The war of the worlds (USA, 1953)
Grau Solís. 70 x 100 cm.

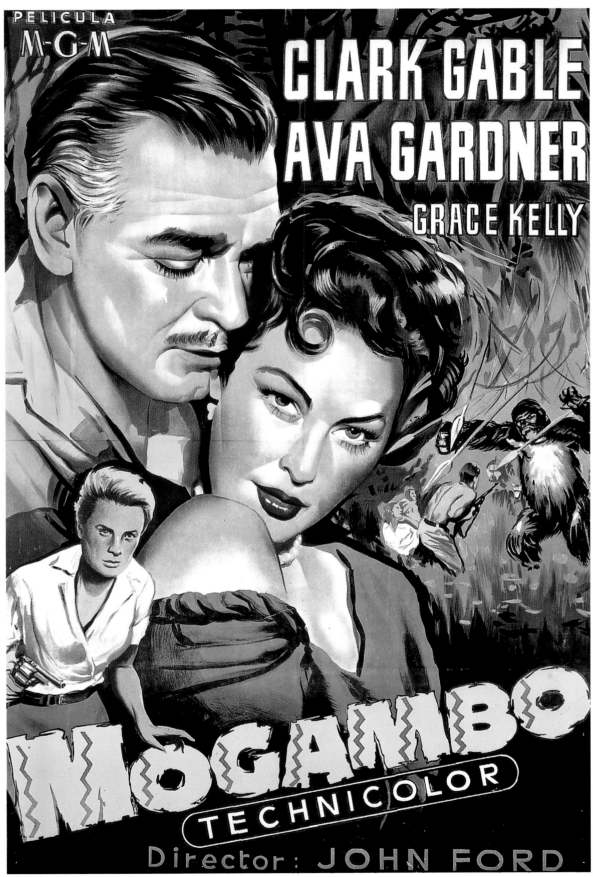

278. MOGAMBO
Mogambo (USA, 1953)
Anónimo. 70 x 100 cm.

279. JOHNNY GUITAR
Johnny Guitar (USA,1953)
F.Fernández «Jano». 100 x 140 cm.

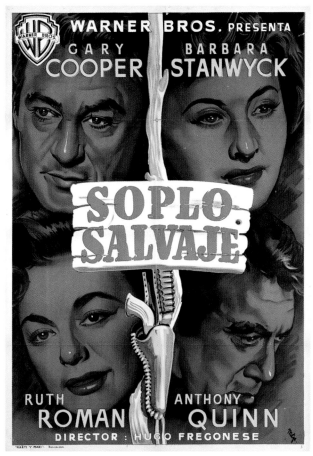

280. SOPLO SALVAJE
Blowing wild (USA,1953)
Estudio MCP. 70 x 100 cm.

281. AMOR SOBRE RUEDAS *(Esp.1954)*
J.Peris Aragó. 70 x 100 cm.

282. LA CONDESA DESCALZA
The barefoot Contessa (USA,1954)
ALE. 70 x 100 cm.

283. LA CASA NUMERO 322
Pushover (USA,1954)
Estudio MCP. 70 x 100 cm.

284. ROMEO Y JULIETA
Romeo and Juliet (GB, 1954)
Anónimo. 70 x 100 cm.

285. LOS ASES BUSCAN LA PAZ *(Esp.1954)*
Josep Soligó. 70 x 100 cm.

286. SAETA RUBIA *(Esp.1956)*
Macario Gomez «Mac». 70 x 100 cm.

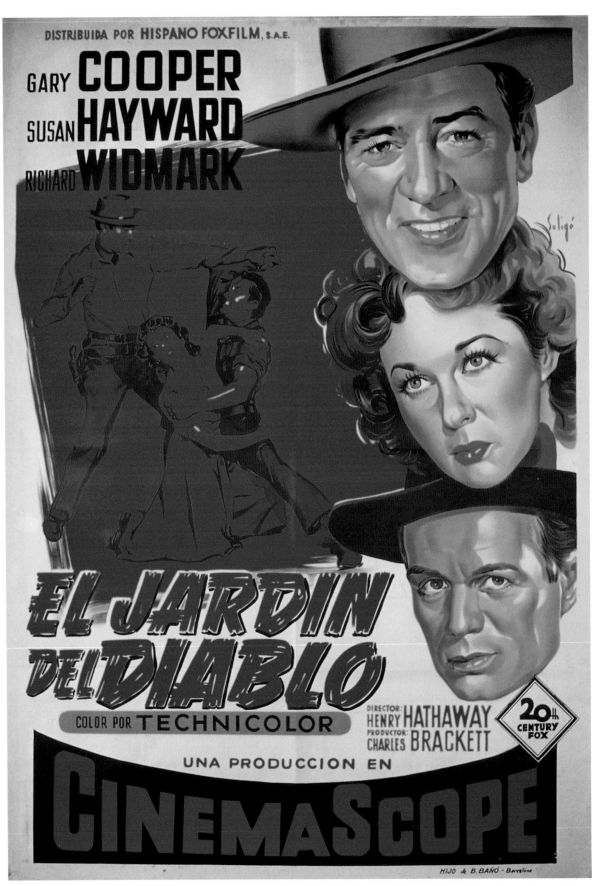

287. EL JARDIN DEL DIABLO
Garden of evil (USA, 1954)
Josep Soligó. 70 x 100 cm.

288. DESIREE
Desirée (USA,1954)
Josep Soligó. 70 x 100 cm.

289. CRIMEN PERFECTO
Dial M for murder (USA, 1954)
Josep Soligó. 70 x 100 cm.

290. LA VENTANA INDISCRETA
Rear window (USA, 1954)
Fernando Albericio. 70 x 100 cm.

291. CUANDO RUGE LA MARABUNTA
The naked jungle (USA, 1954)
ALE. 70 x 100 cm.

292. LA JUSTICIA DEL COYOTE
La justicia del Coyote (Méx.1954)
Josep Renau. 70 x 100 cm.

293. MARCELINO PAN Y VINO *(Esp.1954)*
(?). 70 x 100 cm.

294. LA PICARA MOLINERA *(Esp.1954)*
J.Peris Aragó. 70 x 100 cm.

295. CARAVANA HACIA EL SUR
Untamend (USA,1955)
Josep Soligó. 70 x 100 cm.

296. ESA VOZ ES UNA MINA *(Esp.1955)*
J.Peris Aragó. 70 x 100 cm.

297. TARDE DE TOROS *(Esp.1955)*
Vázquez Díaz. 70 x 100 cm.

298. SIN LA SONRISA DE DIOS *(Esp.1955)*
    Clapera. 70 x 100 cm.

299. PICNIC
Picnic (USA,1956)
A.Peris. 70 x 100 cm.

300. PAPA PIERNAS LARGAS
Daddy long legs (USA,1955)
Josep Soligó. 70 x 100 cm.

301. CENTAUROS DEL DESIERTO
The Searchers (USA,1956)
F.Fernández «Jano». 70 x 100 cm.

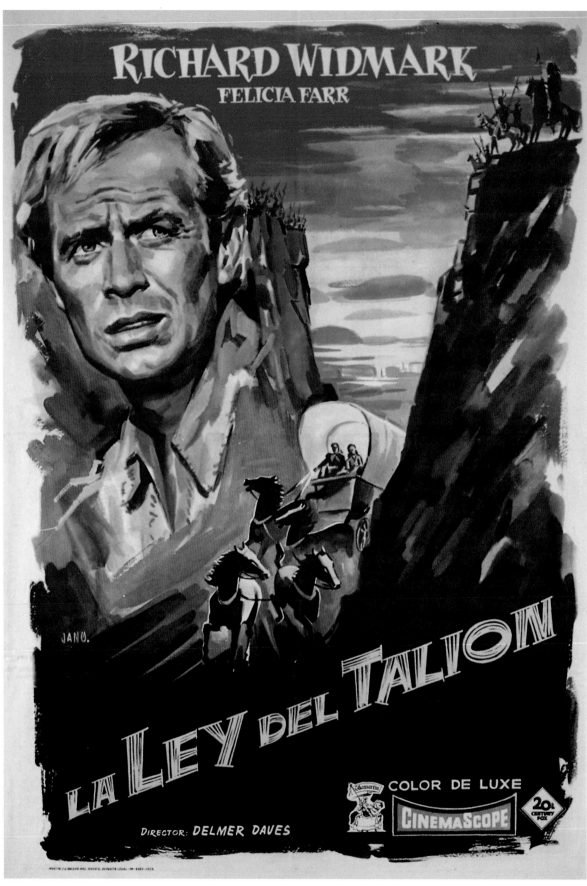

302. LA LEY DEL TALION
The last wagon (USA, 1956)
F.Fernández «Jano». 70 x 100 cm.

303. MANOLO GUARDIA URBANO *(Esp.1956)*
Estudio MCP. 70 x 100 cm.

304. LOS ANGELES DEL VOLANTE *(Esp.1957)*
Viciano. 70 x 100 cm.

305. EL FOTOGENICO *(Esp.1957)*
F.Fernández «Jano». 70 x 100 cm.

306. CINTIA
Houseboat (USA,1958)
Macario Gomez «Mac». 70 x 200 cm.

307. EL GIGANTE ATACA
The amazing colossal man (USA,1957)
Alvaro. 70 x 100 cm.

309. CON FALDAS Y A LO LOCO
Some like it hot (USA,1958)
Macario Gomez «Mac». 70 x 100 cm.

308. LA GATA SOBRE EL TEJADO DE ZINC
Cat on a hot tin roof (USA,1958)
Macario Gomez «Mac» (sin firmar). 70 x 100 cm

310. MI TIO
Mon oncle (Fr.1958)
Anónimo. 70 x 100 cm.

311. LA MOMIA
The mummy (GB, 1959)
Macario Gomez «Mac». 70 x 100 cm.

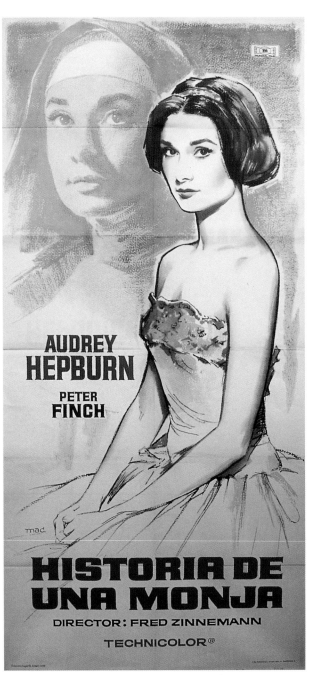

312. HISTORIA DE UNA MONJA
The nun's story (USA, 1959)
Macario Gomez «Mac». 100 x 210 cm.

313. CON LA MUERTE EN LOS TALONES
North by Northwest (USA, 1959)
Macario Gomez «Mac» (sin firmar). 100 x 210 cm.

314. RIFIFI Y LAS MUJERES
Du rififi chez les femmes (Fr.1959)
Josep Soligó. 70 x 100 cm.

315. EL COCHECITO *(Esp.1960)*
Macario Gomez «Mac». 70 x 100 cm.

316. PECADO DE AMOR *(Esp.1961)*
Macario Gomez «Mac». 70 x 100 cm.

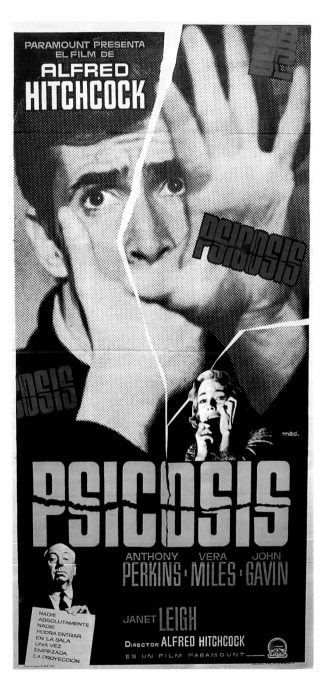

317. PSICOSIS
Psycho (USA,1960)
Macario Gomez «Mac». 100 x 210 cm.

318. LOS PAJAROS
The birds (USA,1963)
Anónimo. 70 x 100 cm.

319. REBELION A BORDO
Mutiny on the Bounty (USA,1962)
Anónimo. 70 x 100 cm.

320. LA MUERTE TENIA UN PRECIO
Per qualche dollare in piu (It.1965)
Macario Gomez «Mac». 70 x 100 cm.

Relación de Carteles que aparecen en el libro
List of Posters reproduced in this book

Títulos Originales
Original Titles of Posters appearing in this book

España
Spain

Ilustradores y número de Carteles en el libro
List of Illustrators and works

ALBERICIO, Fernando
1921, Tarazona (Zaragoza)
Nºs. 90, 290

ALE
Nºs. 282, 291.

ALONSO
Nº. 100.

ALVARO
Nº. 307.

ARTE ESTUDIO
Nº. 198.

BEUT
Nº. 128.

BOTELLA PONS
Nºs. 136, 153.

CARRILERO ABAD
Nº. 84.

CLAPERA ARGELAGUER, Pere
1906, S.Fruitòs de Bages (Barcelona)
Nº. 298.

CONCHESO
Nº. 197.

CHAPI RODRIGUEZ, Emilio
1911-1949, Valencia
Nºs. 109, 114, 138, 142, 150,
158, 159, 161, 164, 169, 172,
173, 179, 183, 186, 187, 191,
193, 199, 209, 211, 213, 214,
218, 220, 223, 227, 322, 242,

DUBON, Luís
1892-1952, Valencia
Nº. 28.

EDI
Nº. 99.

EKISS
Nº. 96.

ESTREMS, J.
Nº. 41.

ESTUDIO ARTS0
Nº. 115.

FRANK
Nº. 55.

FREXE I LACALLE
Nº. 106.

GAGO-PALACIOS
Nº. 38.

GARCIA, Joaquín
1890-1965, Valencia
Nºs. 17, 23, 24, 30, 32, 37,
40, 42, 44.

GERMAN HORACIO
Nº. 52.

GIRON
Nº. 133.

GRAU SOLIS
Nºs. 267, 270, 276

HERREROS, Enrique
1903, Madrid - 1977, Potes (Cantabria)
Nº. 157.

«JANO» (Francisco Fernández Zarza)
1923-1993, Madrid
Nºs. 108, 127, 174, 177, 240,
251, 262, 264, 279, 301, 302,
305.

JOSE MARIA
Nºs. 151, 238.